사고의 실용적 형성

Die praktische Ausbildung des Denkens
Korean translation © 2025. by Green Seed Publications

이 책의 한국어판 저작권은 [사] 발도르프 청소년 네트워크 도서출판 푸른씨앗에 있습니다. 저작권법에 따라 한국 내에서 보호를 받는 저작물이므로 무단 전재와 복제를 금합니다.

사고의 실용적 형성

루돌프 슈타이너 강의 최혜경 옮김

1판 1쇄 2025년 9월 30일

펴낸이 [사] 발도르프 청소년 네트워크 도서출판 푸른씨앗
편집 백미경, 최수진, 안빛 | **디자인** 유영란, 문서영
번역 기획 하주현, 권미희 | **마케팅** 남승희, 이연정 | **운영 지원** 김기원
등록번호 제 25100-2004-000002호 **등록일자** 2004.11.26.(변경 신고 일자 2011.9.1.)
주소 경기도 의왕시 청계로 189 **전화** 031-421-1726 **페이스북** greenseedbook
카카오톡 @도서출판푸른씨앗 **전자우편** gcfreeschool@daum.net

 www.greenseed.kr   @greenseed_book

ISBN 979-11-86202-96-8 (03300)

사고의 실용적 형성

루돌프 슈타이너 강의 최혜경 옮김

차례

루돌프 슈타이너의 강의록을 읽기 전에 006
일러두기 009

사고의 실용적 형성에 관한 강의 모음

칼스루헤 강의 1909년 1월 18일 … 010
베를린 강의 1909년 2월 11일 … 047
뉘른베르크 강의 1909년 2월 13일 … 071

루돌프 슈타이너의 생애와 작업 116
옮긴이의 글 122

루돌프 슈타이너의 강의록을 읽기 전에

인지학적 정신과학[01]의 근거를 형성하는 데는 양 기둥이 있다. 그중 하나는 루돌프 슈타이너가 글로 써서 세상에 내보낸 것들이다. 이에는 처음부터 단행본으로 저술한 책 외에도 서간문과 논설문 등이 해당한다. 다른 기둥은 루돌프 슈타이너가 1900년부터 1924년까지 신지학 협회(나중에는 인지학 협회) 회원들과 일반인들을 대상으로 한 약 6,000회의 강의 내용이다. 루돌프 슈타이너 자신은 미리 쓴 원고 없이 자유롭게 강의한 내용이 활자로 인쇄되어 전파되는 것을 전혀 원하지 않았다. 그의 강의 방식을 고찰해 보면 그 이유가 분명해질 것이다. 강의란 보통 연사가 미리 정한 내용을 청중의 영적 상태와 무관하게 전달하는 것이다. 루돌프 슈타이너는 청중의 영적 요구 사항을 직접 강의에 참작했다. 청중의 '영혼생활 속에 일어

---

01 인지학적 정신과학_"인간 존재 속의 정신적인 것을 우주 속의 정신적인 것으로 인도하는 인식의 길"(『인지학적 기본 원칙』 푸른씨앗 씨앗주머니 2024) 정신과학은 신비주의적으로 모호하지 않고, 현대 자연과학 방법과 똑같이 완전한 의식의 명료한 사고를 통해 학문적으로 정확하게 정신세계에 접근하도록 한다.

나는 울림을 귀 기울여 듣고' 그렇게 '듣고 있는 것 바로 그 한복판에서 생생하게 공생하는 동안 강의의 골조가' 생겨났기 때문에, 그런 전후 문맥에서 시간적, 공간적으로 완전히 분리된 책은 실제 강의와 거리가 먼 것이 될 위험이 다분하다. 이런 까닭에 그는 '말로 한 표현이 말로 한 그대로 남아 있기를' 바랐다. 그런데 그의 그런 바람과는 달리 세월이 흐르면서 청중이 강의 중에 받아 적은 필사본이 꾸준히 확산되었다. 게다가 그 내용이 불완전하고 심지어는 틀린 부분도 있었기 때문에, 루돌프 슈타이너는 그런 필사본을 어떤 식으로든 교정해야 하는 상황에 있었고, 그 과제를 마리 슈타이너에게 맡겼다. 속기사 선택, 출판을 위한 문장 검토, 모든 원고와 필사본 관리 등의 임무를 맡은 마리 슈타이너는 후일 발행을 위한 기준 노선을 제시했다. 현재까지 루돌프 슈타이너 유고국이 다소간의 차이가 있다 해도 그 기준에 따라 약 360권의 전집을 발행했다. 루돌프 슈타이너는 시간이 부족해 필사본 중 극소수만 교정할 수 있었다. 그러므로 강의록을 읽는 독자는 '내가 검토하지 않은 필사본에 부정확한 부분이 있으리라'는 그의 말을 반드시 염두에 두어야 한다.

이 책은 '무등자유발도르프학교'에서 제작비를 후원 받았습니다.

일러두기

1. 이 책에 실린 칼스루헤 강의는 『삶과 세계에 대한 질문과 인지학을 통한 대답』(GA108), 베를린 강의는 『어디서, 그리고 어떻게 정신을 발견하는가?』(GA57), 뉘른베르크 강의는 <루돌프 슈타이너 전집을 위한 기고문>(78호 1982/83)에 실려 있다.
2. 각주 중 옮긴이의 주를 제외한 주는 모두 원서 발행자 주석이다.
3. 본문에서 GA는 루돌프 슈타이너 전집 목록을 의미한다.

칼스루헤 강의

1909년 1월 18일

1. 하필이면 인지학이 사고의 실용적인 형성에 관해 이야기해야 할 사명감을 느낀다니 참으로 특이하게 보일 수 있습니다. 왜냐하면 외부 인사들 사이에 인지학은 아주 특별한 의미에서 비실용적이며 인생과 아무 관계도 없는 것이라는 의견이 널리 확산해 있기 때문입니다. 이런 생각은 주제를 외적으로, 피상적으로 고찰하는 경우에만 생겨날 수 있습니다. 그런데 여기서 고찰 대상이 되는 것은 그 진실에 있어 가장 평범한 실생활을 위한 길잡이가 되어야 합니다. 그것은 매 순간 느낌과 감각으로 변화할 수 있어야 합니다. 그리고 우리에게 삶을 신뢰하고, 삶 속에 당당하게 설 가능성을 주어야 합니다.

2. 실용적이라고 자칭하는 사람들은 자신이 가장 실용적인 원칙에 따라 행동한다고 믿습니다. 그런데 좀 자세히 들여다보면, 이른바 그 '실용적인 사고'라는 것이 사실

은 사고가 전혀 아니고 교육된 편견과 사고 습관을 따르는 구태의연이라 밝혀집니다. 그런 실용가의 사고를 완전히 객관적으로 관찰하고 일반적으로 사고 실천이라 불리는 것을 검사해 보면, 부분적으로는 그 배후에 진정한 실천이 거의 없다는 사실을 발견할 것입니다. 사람들이 실천이라 부르는 것은 배운 것을 의미합니다. 선생님이 어떻게 생각했는지, 과거에 이러저러한 것을 만들어 낸 사람이 어떻게 생각했는지, 어떻게 그것을 따라 할 수 있는지. 그리고 그와 다르게 생각하는 사람을 비실용적인 인간으로 치부합니다. 쇄냐하면 이 다른 생각이 자기가 학교에서 배운 것과 일치하지 않기 때문입니다.

3. 그런데 정말로 실용적인 것이 고안된다면, 실용가에 의해 이루어지는 경우는 절대 없습니다. 예를 들어서 오늘날 우리가 사용하는 우표를 봅시다. 누구나 당연히 우체국에서 일하는 실용가가 그것을 고안해 냈을 것이라 생각할 겁니다. 그런데 그렇지 않습니다. 18세기 초반에만 해도 편지 한 통 부치는 게 여간 번거로운 일이 아니었습니다. 편지를 부치려면 해당 관청에 찾아가 여러 가지 서류를 들여다보는 등 온갖 복잡한 절차를 거쳐야 했습니다. 오늘날

우리가 알고 있는 일률적 우편 요금은 사실 생긴 지 60년도 채 되지 않은 제도입니다. 일률적 요금을 가능하게 만드는 우표는 실용적인 우체국 직원이 아니라 우체국과 거리가 먼 사람이 고안해 냈습니다. 바로 영국인 롤런드 힐 경[01]입니다.

4. 우표가 고안될 당시 체신부 장관이 영국 의회에서 다음과 같이 말했습니다. "네, 첫 번째로는 우편 제도를 간소화한다고 해서 우편량이 그 비실용적인 힐의 공상대로 엄청나게 증가할 것이라고는 가정할 수 없습니다. 두 번째로는 힐의 의견이 적중해서 실제로 우편물이 증가한다 해도 런던의 우체국 건물이 너무 작아서 그렇게 많은 양을 감당할 수 없습니다." 그 위대한 실용가는 우체국 건물에 우편물의 양을 맞추는 게 아니라 우편물의 양에 따라 우체국 건물을 넓혀야 한다는 사실을 꿈에서조차 생각하지

---

01 롤런드 힐 경Sir Rowland Hill(1795~1879)_ '근대 우편 제도의 아버지'라 불린다. 힐은 1837년 『우체국 개혁, 그 중요성과 실용성Post office reform, its importance and practicability』에서 우편 요금제를 단순화해야 한다고 주장해 당시 세인의 주목을 받았다. 그의 '1페니히 우편 요금제'가 1840년에 법제화되어 처음으로 우표가 발행되었다. 1846년에 체신부 비서관으로 임명되었고, 나중에는 체신부 장관을 역임했다.

못했습니다. 그 당시에 '비실용적인 문외한'이 '실용가'의 의견에 맞서 쟁취해야 했던 것이 생각보다 훨씬 짧은 기간 안에 상용화되었습니다. 오늘날에는 우표로 편지를 부치는 게 상식입니다.

5.   철도의 경우에도 그와 유사합니다. 1835년에 처음으로 독일 뉘른베르크와 퓌르트 사이에 철도[02] 건설이 계획되었습니다. 그 소식을 전해 들은 바이에른 의학 협회가 철도 건설은 그리 좋은 게 아니라는 '전문가 분석 보고서'를 제출합니다. 그래도 건설해야 한다면, 적어도 철도 좌우에 높은 담을 설치해서 그 주변에 행인들이 신경 질환이나 뇌진탕에 걸리지 않도록 사전 조처를 취해야 한다고 건의했습니다.

6.   포츠담-베를린 철도 건설이 계획되자 당시 체신부 장관 나글러[03]가 다음과 같이 말했습니다. "현재 포츠담

---

[02] 1835년 12월 7일에 독일 최초로 개통된 바이에른 루드비히 철도. 루돌프 슈타이너가 언급한 내용은 루돌프 하겐Rudolf Hagen(생몰년 미상)의 저서 『최초의 독일 철도Die erste deutsche Eisenbahn』(1886, 뉘른베르크Verlag von Joh. Leonh. Schrag)에 실려 있다.

[03] 카를 페르디난트 프리드리히 폰 나글러Karl Ferdinand Friedrich von Nagler(1770-1846)_ 프로이센 체신부 장관

행 역마차를 1일 2회 운행한다. 그런데 마차가 텅 비어 있다. 사람들이 그렇게도 돈을 창밖으로 내던져 버리고 싶어 한다면, 지금 당장 내다 버리라 해라." 보다시피 인생의 중대사는 이른바 '실용가'라 자처하는 사람들을 그냥 지나쳐 갑니다. 교육된 사고 습관을 따르는 편견에 불과한 이른바 사고 실천과 진정한 사고를 반드시 구분해야 합니다.

7. 언젠가 제가 직접 경험한 작은 사례를 오늘 고찰의 정점에 세우고자 합니다. 대학 시절의 일입니다. 어떤 친구가 기발한 생각을 해낸 사람이 흔히 그렇듯이 열정에 들뜬 상태로 저를 찾아와서 말했습니다. "지금 당장 라딩어 교수[04]한테 —당시 대학에서 기계 공학을 가르친 사람입니다— 가 봐야 해. 내가 엄청난 것을 발명해 냈거든. 기계에 극소량의 증기력을 적용해서 거대한 노동력으로 전환하는 가능성을 발견했어!" 그 외에는 별다른 설명을 하지 못했습니다. 서둘러 교수를 찾아봐야 했으니까요. 그런데 해당 교수를 만나지 못하고 돌아온 그 친구가 저한테 전체적인 계획을 분석해 보여 주었습니다. 이야기를 듣고 있

---

[04] 옮긴이 요한 폰 라딩어 Johann von Radinger(1842~1901)_ 오스트리아 기계 공학자, 빈 공과 대학 교수

자니 어떤 가상의 영구 기관 같은 냄새가 난다는 생각이 들었습니다. —하지만 그런 것도 언젠가는 가능하지 않겠습니까?— 어쨌든 설명을 다 들은 후에 친구에게 물어보았습니다. "그래, 정말 예리한 생각으로 발명한 것이기는 하다. 그런데 실질적인 면에서 보자면, 어쩐지 기차 안에 서서 있는 힘을 다해 밀며 기차가 달리기를 바라는 사람과 똑같다는 느낌이 든다. 이 발명의 사고 원리가 그렇다는 말이다." 그 친구도 곧 수긍하고 교수를 찾아가지 않았습니다.

8. 이런 식으로 사람이 자신의 사고 속에 고립될 수 있습니다. 다만 이런 고립은 완전히 특별한 경우에만 명백하게 드러납니다. 많은 사람이 그렇게 자신의 사고 속에 고립된 채 살아가지만, 이 사례처럼 분명하게 눈에 띄지 않을 뿐입니다. 사실을 좀 더 깊이 관찰할 수 있는 자는 대다수 사람의 사고 과정이 그런 식으로 진행된다는 것을 알아봅니다. 차 안에 서서 온 힘을 다해 밀어 대면서 그렇게 밀어 대니까 차가 달린다고 생각하는 사람을 꽤 자주 봅니다. 사람들이 그렇게 차 안에서 밀어 대는 장본인이 아니라면, 인생에서 일어나는 많은 것이 완전히 다르게 진행될 것입

니다.

9. 사고의 진정한 실천은 사람이 사고에 대한 올바른 의향, 올바른 느낌을 얻는 것을 전제로 합니다. 어떻게 사고에 대한 올바른 자세를 얻을 수 있습니까? 사고가 인간 내부에서만, 인간의 머릿속 혹은 영혼 속에서만 일어나는 어떤 것이라 믿는 사람은 절대로 사고에 대한 올바른 느낌을 얻을 수 없습니다. 그 사람은 자신의 사고에 필수적 요구 사항을 세우고 올바른 사고 실천을 찾는다 해도 언제나 사고에 대한 잘못된 느낌으로 인해 오도됩니다. 사고에 대한 올바른 느낌에 도달하고자 하는 사람은 반드시 다음과 같이 말해야 합니다. "내가 어떤 사물에 관해 사고할 수 있다면, 생각으로 그 사물에 관해 어떤 것을 규명할 수 있다면, 그 이전에 먼저 사고내용이 그것에 들어 있는 것이 분명하다. 사물은 사고내용에 따라 구축되어 있을 수밖에 없고, 그런 경우에만 내가 사물에서 사고내용을 끄집어낼 수 있다."

10. 저 바깥세상의 사물은 시계와 같다고 생각해야 합니다. 인간 유기체를 자주 시계와 비교합니다. 그런데 대부분의 사람은 그렇게 하면서 시계 이전에 시계 장인이 있

었다는 가장 중요한 사실을 망각합니다. 톱니바퀴들이 저절로 달려와 스스로 조립되어 시계가 작동하는 게 아니라 그 이전에 시계를 조립한 장인이 있었다는 사실을 분명히 해야 합니다. 시계 장인을 절대 잊어버리지 말아야 합니다. 사고내용을 통해서 시계가 생겨났습니다. 사고내용이 시계에, 사물에 흘러들었습니다. 자연물과 자연 사건 모두 그렇다고 생각해야 합니다. 인공물의 경우에는 사람들이 이 점을 금세 수긍합니다. 반면 자연물의 경우에는 쉽게 알아보지 못합니다. 그럼에도 자연물은 정신적 작용의 산물이며 그 배후에는 영성적 존재들이 있습니다. 그리고 인간이 사물에 관해 사고한다면, 먼저 그 사물에 들여놓아진 것에 관해서만 숙고하는 것입니다. 세계는 사고를 통해서 창조되었고 아직도 계속해서 그렇게 창조된다는 믿음이 비로소 실제의 내적 사고 실천을 효과 있는 것으로 만듭니다.

11. 세계 속에 깃든 정신적인 것에 대한 불신, 바로 이것이 과학적 지반 자체에 사고의 비非실천 중에서도 가장 열악한 것을 만들어 냅니다. 예를 들어서 어떤 사람이 다음과 같이 말합니다. "행성 체계는 태초 안개에서 시작되었

다. 태초 안개가 빙빙 돌기 시작해 중심 천체가 덩어리로 집결된 다음에 거기에서 환상環狀 궤도와 구형 천체들이 갈라져 나가면서 행성 체계 전체가 기계적으로 생성되었다." 이렇게 말하는 사람은 커다란 사고 오류를 범하는 것입니다. 오늘날에는 상당히 우아한 형태로 이런 것을 가르칩니다. 학교에서 아이들에게 그럴 듯하고 맵시 있게 꾸며진 실험[05]으로 보여 줍니다. 물을 담은 유리그릇에 기름을 한 방울 떨어뜨린 후 긴 바늘을 넣고 저어서 전체가 빙빙 돌게 만듭니다. 그러면 작은 기름방울들이 전체에서 분리되어서 회전합니다. 행성 체계가 작은 규모로 생겨난 것이고, 이로써 어떻게 그것이 순수하게 기계적으로 형성되는지 아이들에게 일목요연하게 보여 준다고 믿습니다. 비실

---

05 물리학자 조제프 앙투안 페르디낭 플라토Joseph Antoine Ferdinand Plateau(1801~1883)가 고안한 플라토식 실험. 물과 알코올을 혼합한 액체에 같은 밀도의 기름방울을 떨어뜨리면 물에 뜨지 않고 액체 중간에 머문다. 둥글게 자른 작은 마분지 조각 중앙에 대바늘을 꽂아서 그 기름방울에 집어넣으면 마분지의 가장자리가 적도 역할을 한다. 이 상태에서 대바늘을 천천히 회전시키면, 원심력으로 인해 작은 기름방울들이 떨어져 나가 회전하면서 태양계와 유사한 형상이 생겨난다.

1909년 1월 18일

용적인 사고만 그 우아한 실험에 그런 결과를 연결할 수 있습니다. 왜냐하면 거대한 세계 체계에 이런 실험을 전가하는 사람은 대부분 어떤 것을 망각하기 때문입니다. 사실 그것을 망각하는 게 훨씬 편하기는 합니다. 그 사람은 그 모든 것을 회전시키는 자신을 망각합니다. 그가 그 자리에 없다면, 그 실험을 하지 않는다면, 기름방울이 작은 방울로 분리되어 회전하지 않겠지요. 인간이 (행성 체계가 생성되는 과정 자체를) 실제로 관찰했다면, 그다음에 행성 체계에 전가했다면, 그러면 비로소 완벽한 사고가 적용된 것입니다. 이런 사고 오류가 오늘날 특히 과학이라 불리는 영역에서 엄청나게 큰 역할을 합니다. 이런 것은 사람들이 보통 생각하는 것보다 훨씬 더 중요합니다.

12. 진정한 사고 실천에 관해 말하고자 한다면, 실제로 사고내용이 이미 들어 있는 세계에서만 사고내용을 끄집어낼 수 있다는 사실을 반드시 알아야 합니다. 실제로 물이 들어 있는 컵에서 물을 덜어 낼 수 있듯이, 사고내용도 그것이 들어 있는 것에서만 덜어 낼 수 있습니다. 세계는 사고내용에 따라 구축되어 있습니다. 오로지 그런 까닭에 세계에서 사고내용을 도출할 수 있습니다. 만일 그렇지 않

다면, 사고 실천은 절대 불가능할 것입니다. 그런데 여기에서 이야기되는 것을 궁극적으로 감지할 수 있는 사람은 모든 추상적 사고를 쉽게 극복할 수 있게 됩니다. 사물의 배후에는 사고내용이 있으며 인생의 모든 실재적 사실은 사고내용에 따라 진행된다는 것을 완전히 신뢰하면, 그 느낌이 있다면, 실재를, 즉 현실을 바탕으로 구축되는 사고 실천으로 쉽게 전향하게 됩니다.

13.   이제 인지학적 지반에 서 있는 사람에게 특히 중요한 사고 실천 몇 가지를 열거해 보겠습니다. 사실의 세계는 사고내용으로 진행된다는 것을 간파한 사람은 올바른 사고 양성의 중요성도 인정할 것입니다. 누군가가 다음과 같이 말한다고 가정합시다. "인생에서 언제나 정말로 올바른 길을 가도록 내 사고를 양성하고 싶다." 그 사람은 이제 제가 제시하는 것을 반드시 준수해야 합니다. 여기에 제시되는 사항은 사실상 실질적 원칙으로 이해되어야 합니다. 그리고 그것에 사고를 적응시키기 위해 꾸준히 반복해서 연습하면, 처음에는 그렇지 않은 것처럼 보여도 실제로 사고가 실용적으로 되는 특정 효과가 생겨납니다. 네, 그 원칙을 실행하면, 사고에 있어 완전히 다른 경험을 하

게 됩니다.

14. 어떤 사람이 다음과 같은 것을 시도한다고 가정합시다. 오늘 세상의 어떤 과정을 면밀히 관찰합니다. 그 과정은 접근하기 쉽고, 가능한 한 정확하게 관찰할 수 있는 것이어야 합니다. 예를 들어서 기상 상태라 합시다. 그 사람이 저녁 무렵의 구름이 어떤 형태인지, 해가 어떻게 떨어지는지 등을 관찰합니다. 그렇게 관찰한 것의 그림을 정확하게 상상합니다. 그 그림을 모든 세부 사항에 이르기까지 잠시 고수하기 위해 표상을 시도합니다. 그 표상에서 가능한 한 많이 고수합니다. 그리고 나음날까지 보존하도록 노력합니다. 다음날 거의 같은 시간에, 혹은 다른 시간에라도 다시 기상 상태를 관찰합니다. 그리고 다시 그 상태에 관한 정확한 그림을 만듭니다.

15. 연속되는 상태에 관한 정확한 그림을 이런 방식으로 만드는 사람은 어떻게 자신의 사고가 차츰차츰 내적으로 풍부해지고 효과적으로 되는지 대단히 뚜렷하게 감지합니다. 왜냐하면 대부분의 사람이 이 세계에서 연속되는 과정에서 개별적 세부 사항은 제쳐놓고 대략 흐릿한 표상만 보존하는 경향이 아주 심하다는 것, 이것이 사고를

비실용적으로 만들기 때문입니다. 사고를 효과 있게 만드는 본질적인 것, 가치 있는 것은 바로 그렇게 연속되는 과정에서 정확한 형태로 그림을 만든 후 다음과 같이 말하는 것입니다. "어제는 상황이 그러했고 오늘은 이러하다." 이렇게 말하면서 현실 세계에서는 따로 떨어져 있는 두 그림을 가능한 한 구체적인 형태로 영혼 앞에 세워 봅니다.

16.　　이것은 일단 실재의 사고내용에 대한 신뢰를 특별하게 표현하는 것일 뿐 다른 게 아닙니다. 오늘 관찰한 것에서 내일 날씨가 어떨 것이라는 등 곧바로 결론을 내려서는 안 됩니다. 그렇게 하면 사고가 순수성을 잃고 변조됩니다. 곧바로 결론을 내리기보다는 사물들이 저 바깥의 실재 속에 연관성을 둔다는 것, 내일 일어나는 것이 오늘 일어나는 것과 관계한다는 것을 더 신뢰해야 합니다. 사물에 관해 추측해서는 안 됩니다. 시간상으로 이어지는 것을 먼저 자신 내면에서 가능한 한 정확한 표상 그림으로 숙고해야 합니다. 그다음에 그 그림들을 나란히 세웁니다. 그다음에 그림들이 서로 전이해 섞이도록 합니다. 이것은 진정으로 적절한 사고를 발달시키고 싶다면 무조건 실행해야 하는 완전히 특정한 사고 원칙입니다. 이 사고 원칙은

아직 내적인 연관성을 파고들지 않아서 이해하지 못하는 것에 적용하면 특히 유익합니다. 그런 까닭에 기상 상태처럼 아직 이해하지 못하는 과정의 경우 저 바깥에 서로 연결되어 있는 것들이 우리 내면에도 연관성을 일으킨다는 사실을 신뢰해야 합니다. 그리고 바로 이것이 사고의 절제로, 즉 그림으로만 일어나야 합니다. 반드시 다음과 같이 말해야 합니다. "나는 아직 그 사물의 연관성을 알지 못한다. 하지만 그것이 내 내면에서 살도록 두겠다. 내가 추측을 절제하도록 연습하면, 사물이 내 내면에 어떤 것을 일으킬 것이다." 여러분도 쉽게 수긍할 수 있을 텐데, 연속되는 과정에 관해 그렇게 사고를 절제하며 가능한 한 정확한 그림 표상을 만들면 인간의 비가시적 구성체[06] 속에 어떤 것이 일어날 수 있습니다.

17. 인간은 표상생활의 주체로서 아스트랄체를 지닙니다. 이 아스트랄체는 인간이 추측하는 한 나/Ich의 노예입

---

[06] 그 당시 루돌프 슈타이너는 신지학 협회 회원들이 육체, 에테르체 (혹은 생명체), 아스트랄체, 영혼 핵심으로서의 나/Ich 등 인간 구성체에 관해 알고 있다고 전제했다. 이에 관한 근거는 『신지학_ 초감각적 세계 인식과 인간 규정성에 관하여』(푸른씨앗 2020) 참조

니다. 하지만 (여기서 말하는) 의식적 활동에서는 맥을 추지 못합니다. 그리고 아스트랄체는 특정 관계에서 우주 전체에 속합니다.

18. 차례대로 이어지는 사건에서 오로지 그림 표상만 만들면서 사고의 임의성이 작용하지 않도록 엄격하게 절제하는 바로 그만큼 세계의 내적 사고내용이 우리 내면에서 작용하고, 우리가 모르는 사이에 아스트랄체에 새겨 넣어집니다. 세계 내부에서 일어나는 과정의 관찰을 통해 세상사에 우리 자신을 순응시키고, 가능한 한 순수한 그림을 우리의 사고내용에 수용해 내면에서 작용하도록 두는 바로 그만큼 의식이 닿지 않는 구성체 속에서 점점 더 영리해집니다. 자연에서 전환이 이루어지는 것처럼 단 한 번이라도 내적 연관성에 박혀 있는 과정에서 새로운 그림을 다른 그림으로 전환할 수 있다면, 일정 기간이 지난 후 우리의 사고에 특정한 유연성 같은 어떤 것이 생겼다는 것을 알아봅니다.

19. 우리가 아직 이해하지 못하는 것이면 지금까지 이야기한 것처럼 합니다. 하지만 주변에 일어나는 일상생활의 과정처럼 잘 알고 있는 것에 대해서는 다르게 대처해야

합니다. 예를 들어서 이웃의 어떤 사람이 이러저러한 것을 했다고 가정합시다. 왜 그 이웃이 그런 것을 했을까 생각해 봅니다. 아마도 내일 하고 싶은 일을 위한 준비 차원에서 그렇게 한 것이 아닐지 짐작해 봅니다. 그리고 더 이상 아무 말도 하지 않습니다. 그 대신 그 이웃이 오늘 한 것을 정확하게 표상하고, 내일 할 것에 대한 그림을 상상해 봅니다. "그 사람이 내일 이것을 할 것이다." 하고 표상합니다. 그다음에 그 사람이 실제로 무엇을 하는지 기다립니다. 다음날 보니까 우리가 상상한 게 정말로 벌어질 수도 있고, 다른 게 일어날 수도 있습니다. 실제로 무슨 일이 일어나는지 살펴본 후에 우리의 사고내용을 교정합니다.

20. 이렇게 우리가 생각으로 미래에 추적해 들어갈 수 있는 사건을 현재에서 찾습니다. 그리고 실제로 무슨 일이 일어나는지 기다립니다. 이 연습은 사람들이 하는 일에도 적용할 수 있고 다른 것으로도 할 수 있습니다. 우리가 이해하는 어떤 일에서 앞으로 일어날 것으로 생각되는 그림을 만들도록 노력합니다. 예상한 일이 일어난다면, 우리의 사고가 정확했던 것입니다. 잘된 것이지요. 예상과 다른 일이 일어난다면, 오류의 원인이 어디에 있는지 숙고합니다.

어디에 오류가 있는지, 그런 오류가 어떤 원천에서 솟아난 것인지 차분하게 관찰하고 검사해서 잘못된 사고내용을 교정합니다. 생각한 것이 옳았다면, "그럼 그렇지, 난 어제 벌써 이렇게 될 거라고 알고 있었어!" 하고 자신의 예상이 맞았다고 우쭐대지 않도록 아주 특별히 조심해야 합니다.

21. 이것이 사물과 사건 자체 속에 내적 필연성이 들어 있으며, 사실 자체 속에 그것을 진행하는 것이 들어 있다는 신뢰에서 솟아나는 또 다른 원칙입니다. 그리고 그 속에 들어 있으면서 오늘에서 내일로 일하는 것, 그것은 사고의 힘입니다. 사물에 깊이 몰두하면, 사고의 힘을 의식하게 됩니다. 그런 연습을 통해서 우리 의식 속에 사고의 힘이 늘 있도록 만듭니다. 그리고 예견한 것이 이루어지면, 우리가 그 힘과 일치한 것입니다. 그러면 우리가 사고 활동을 통해서 실재와 함께 내적 연관성에 들어 있는 것입니다. 이런 식으로 우리는 제멋대로가 아니라 내적 필연성에 따라, 사물의 천성에 따라 사고하는 데 익숙해집니다.

22. 그런데 다른 방향으로도 사고 실천을 연습할 수 있습니다. 오늘 일어난 어떤 일은 어제 일어난 일과 관계합니다. 예를 들어서 어떤 아이가 버릇없이 군다고 합시다. 그

원인이 무엇일까? 그 상황을 오늘에서 어제로 거슬러 올라가며 우리가 아직 모르는 원인을 구성해 봅니다. 다음과 같이 말합니다. "오늘 아이가 제멋대로인 것을 보니, 내 생각에는 어제나 그저께 이러저러한 일이 있었던 듯하다."

23. 그다음에 어제 실제로 무슨 일이 있었는지 조사해서 제대로 생각했는지 알아봅니다. 올바른 원인을 발견했다면 잘된 것입니다. 틀린 표상을 만들었다, 그러면 오류를 분명히 밝히고, 사고 과정이 어떤 식으로 발달했는지, 현실에서는 일이 어떻게 진행되었는지 살펴봅니다.

24. 이 원칙을 실행하는 데 중요한 사항이 있습니다. 마치 우리가 사고와 더불어 사물 속에 들어 있다는 듯이, 사물의 내적인 사고 활동 속에 빠져든다는 듯이 그것을 고찰할 시간이 정말로 있어야 한다는 것입니다. 이렇게 하면, 어떻게 우리가 문자 그대로 사물과 결합하는지, 차츰차츰 알아봅니다. 사물은 저 바깥에 있고 우리는 여기 안에 있으면서 그에 대해 생각한다는 느낌이 전혀 들지 않습니다. 우리의 사고가 사물 속에서 움직인다는 느낌이 생깁니다. 이것을 높은 경지에 이르기까지 실행한 사람에게는 많은 것이 분명해집니다.

25. 그런 식으로 도달해야 할 것에 고도의 수준으로 도달한 인간, 자신의 사고내용과 더불어 언제나 사물 속에 들어 있던 사상가는 바로 괴테입니다. 심리학자 하인로트는 1882년 자신의 저서 『인류학 입문서』[07]에서 괴테의 사고는 대상물적 사고라 썼습니다. 괴테도 그 논평을 기꺼이 받아들였습니다. 그 논평이 그런 사고는 사물에서 분리되지 않고 그 속에 들어 있다는 것을, 사물의 필연성 속에서 움직인다는 것을 말해 줍니다. 괴테의 사고는 곧 관조며, 그의 관조는 곧 사고입니다.

26. 괴테는 그렇게 계발된 사고로 대단히 많은 것을 성취했습니다. 다음과 같은 예가 한두 번 일어난 것이 아닙니다. 괴테가 바깥에 볼 일이 있었습니다. 창가에 가서 내다보고는 마침 그 자리에 있던 사람에게 말했습니다. "세 시간 안에 비가 내리겠어." 그리고 예측한 대로 되었습니

---

[07] 요한 크리스티안 아우구스트 하인로트Johann Christian August Heinroth(1773~1843)_ 독일 의학자, 심리학자, 교육학자. 1811년 라이프치히 대학교에서 세계 최초로 심리 치료를 강의했다. 『인류학 입문서』(고타 1822) 387쪽, 두 번째 발행본(라이프치히 1831) 453쪽

다. 괴테는 창문을 통해 바라본 하늘의 작은 단면에서 다음 몇 시간 안에 일어날 기상 상태를 예측할 수 있었습니다. 사물 속에 머무는 충실한 사고가 이전의 사건에서 다음 사건으로 준비되고 있는 것을 알아차릴 수 있도록 한 것입니다.

27. 사람들이 보통 상상하는 이상으로 많은 것을 실용적인 사고를 통해서 실제로 얻을 수 있습니다. 지금까지 사고를 위한 원칙으로 설명한 것이 있으면, 사고가 정말로 실용적으로 된다는 것을, 그 원칙이 없는 경우에 비해 세계의 사물을 완전히 다르게 파악하고 시야가 넓어진다는 것을 알아챕니다. 차츰차츰 사물을 완전히 다르게 대할 뿐 아니라 타인에 대한 자세도 달라집니다. 이는 인간 내면에 일어나는 실제적 과정으로 인간의 전반적인 태도를 바꿉니다. 인간이 사고를 통해 그렇게 사물과 결합하도록 실제로 노력하는 것은 엄청나게 중요한 것일 수 있습니다. 왜냐하면 그런 연습을 하는 것이 사고를 위해 비상한 의미에서 실질적인 원칙이기 때문입니다.

28. 또 다른 연습이 있는데 이것은 필요한 순간에 즉시 알맞은 생각이 떠오르지 않는 사람에게 특히 유용합니다.

그런 사람이 다른 무엇보다 해야 할 연습은 일어나는 그대로의 세상사에, 있는 그대로의 사물에 매 순간 푹 빠진 채 사고하지 않도록 노력하는 것입니다. 사람이 휴식을 취하기 위해 한 30분 정도 누워 있으면 온갖 생각이 떠오르기 마련입니다. 그러면 수백, 수천 가지 생각이 끝없이 이어집니다. 아니면 이러저러한 것을 걱정하게 되고, 그런 걱정거리가 눈 깜짝할 사이에 의식에 스며들어 머리가 분주하게 됩니다. 그런 식으로 살면, 필요한 순간에 알맞은 생각을 떠올리는 상태에 절대 도달하지 못합니다. 때에 맞는 생각이 떠오르는 상태에 도달하고자 한다면, 다음과 같이 처신해야 합니다. 30분 정도 휴식을 취하는 시간이 있으면, 반드시 다음과 같이 말해야 합니다. "시간이 날 때마다 내가 스스로 선택한 것에 관해서만, 내가 자의적으로 내 의식에 집어넣은 것에 관해서만 숙고하겠다. 예를 들어서 과거 언젠가 체험한 것, 2년 전쯤에 산책을 하면서 체험한 것에 관해 곰곰이 생각해 보겠다. 그 당시 체험을 완전히 자의적으로 내 사고 속에 들여놓고, ―단 5분이라도― 그에 관해 숙고하고자 한다. 그 5분 동안 다른 것은 모두 몰아낸다. 숙고할 주제를 내가 스스로 선택하겠다." 제가 든 예를 보면, 생각할 주제를 선택하는 것은 전혀 어렵지 않습니다. 중점은 어려운 연습으로 사고 과정에 영향을 미치는 게 아니라, 생활을 통해 휘말려 든 것에서 일탈하는 것입니다. 일상생활의 과정으로 인해 엮여 든 것에서 떨어져 나가는 어떤 것이어야 할 뿐입니다. 그런데도 적절한 것이 떠오르지 않는다면, 당장에 아무것도 생각나지 않는다면, 집에 있는 책을 무작위로 펼쳐서 첫눈에 들어오는 내용에 관해 숙고하십시오. 아니면 다음과 같이 말해도 됩니다. "오전에 어떤 가게에 갔었다. 오늘은 평소에 내가 그 가게에서 무심하게 지나친 것에 관해 생각해 보겠다." 일상생활의 과정에서 떨어져 나가는 것, 보통은 전혀 신경 쓰지 않는 것이면 됩니다.

29. 그런 연습을 반복해서 체계적으로 하면, 적당한 순간에 알맞은 생각이 정말로 떠오르는 상태가 됩니다. 이로써 사고가 유연하게 됩니다. 이는 실생활에서 인간을 위해 엄청난 의미가 있습니다.

30. 또 다른 연습은 기억력 향상에 특히 효과가 있습니다. 어떤 대상을 기억할 때처럼 어제나 그제 있었던 어떤 사건을 일단 대략 기억해 봅니다. 사람들의 기억은 보통 뿌

연 잿빛입니다. 어제 만난 사람의 이름이라도 떠오르면 대부분의 사람은 만족합니다. 하지만 기억력을 향상하고 싶다면, 그 정도로 만족해서는 안 됩니다. 이 점을 무조건 분명히 해야 합니다. 반드시 체계적으로 다음과 같은 것을 실행해야 합니다. "내가 어제 본 사람을 완전히 정확하게 기억해 보겠다. 그 사람을 본 거리 모퉁이도, 그 사람 주변도 기억해 보겠다. 그 모든 것을 정확한 그림으로 떠올려 보겠다. 그 사람의 윗도리, 조끼 등 무엇을 입고 있었는지 그림처럼 정확하게 생각해 보겠다." 대부분의 사람은 절대 그렇게 할 수 없다는 것을, 그런 것은 절대 불가능하다는 것을 알아챕니다. 여러분도 어제 만난 사람이나 체험한 것에 대해 정말로 그림 같은 표상을 얻는데 얼마나 많은 것이 모자라는지 알아챌 것입니다.

31. 그렇기 때문에 우리는 대부분의 사람이 어제 체험한 것을 다시 기억하는 상태에 있지 못하다는 기정사실에서 출발하는 수밖에 없습니다. 인간의 관찰은 실제로 대단히 부정확합니다. 어떤 대학 교수가 학생들을 대상으로 실험해 보니, 서른 명 중에서 제대로 관찰한 사람은 두 명뿐이고 나머지 스물여덟 명은 사실과 다르게 관찰했다는

결과가 나왔습니다. 그런데 좋은 기억력은 충실한 관찰의 자식입니다. 그러므로 기억력을 발달시키기 위해서는 정확하게 관찰하는 게 관건입니다. 정확한 관찰을 통해서 좋은 기억력을 얻을 수 있습니다. 특정한 영적 우회로에서 충실한 기억력이 좋은 관찰의 자식으로 태어납니다.

32. 그런데 어제 체험한 것을 정확하게 기억해 내지 못한다면, 어떻게 해야 합니까? 일단 가능한 한 정확하게 기억하도록 노력합니다. 그리고 기억나지 않는 부분에는 가상의 어떤 것을 집어넣어서 표상을 하도록 노력합니다. 중점은 하나의 완전한 전체가 되어야 한다는 것입니다. 예를 들어서 여러분이 어제 만난 사람의 상의가 갈색인지 검정색인지 전혀 기억나지 않는다고 가정합시다. 그러면 갈색 상의에 갈색 바지를 입었고, 조끼 단추는 이러저러한 모양이고, 넥타이는 노란색이라고 상상합니다. 건물 벽은 노란색이고, 그 사람 왼쪽에는 키가 큰 사람이, 오른쪽에는 작은 사람이 지나갔다 등 당시 상황도 그려 봅니다.

33. 기억이 나는 것은 그림에 집어넣습니다. 기억하지 못하는 것은 완벽한 그림을 얻기 위해서 정신적으로 보충합니다. 이 그림이 우선은 사실과 다릅니다. 그런데 그렇게

완벽한 그림을 얻기 위해 노력하면, 그때부터 더 정확하게 관찰하도록 배우게 됩니다. 그런 연습을 계속해서 합니다. 쉰 번쯤 하고 나면, 아마도 쉰한 번째 연습에서 전날 만난 사람이 어떻게 생겼는지, 무슨 옷을 입고 있었는지 등을 정확하게 그려 낼 수 있을 것입니다. 조끼 단추에 이르기까지 모든 것을 정확하게 기억할 것입니다. 아무것도 간과하지 않고 세세한 사항에 이르기까지 기억에 새겨 넣을 것입니다. 이런 연습을 통해서 먼저 여러분의 관찰 감각을 예리하게 만들고, 그다음에 관찰 감각의 자식인 기억의 충실함을 개선하게 됩니다.

34. 특히 유익한 것은 기억하고자 하는 것의 이름이나 몇 가지 특색만 보존하는 게 아니라, 모든 세부 사항에 이르기까지 가능한 한 그림 같은 표상을 얻도록 노력하는 것입니다. 그리고 어떤 것을 기억할 수 없다면, 일단 가상의 것으로 보충해서 하나의 완전한 그림으로 구성합니다. 그러면 기억이 —우회로를 거치는 것처럼 보이는데— 차츰차츰 충실해지는 것을 보게 됩니다.

35. 보다시피 어떻게 하면 사람이 자신의 사고를 점점 더 실용적으로 만들 수 있는지 —물건의 취급 방법처럼—

실제로 제시할 수 있습니다. 다음처럼 특히 중요한 것이 또 있습니다. 사람이 어떤 것에 관해 생각할 때 특정 결과를 얻으려는 열망이 생기기 마련입니다. 어떻게 이러저러한 것을 처리해야 할지 곰곰이 생각하고 이러저러한 결과에 도달합니다. 이는 완전히 이해되는 성향입니다. 하지만, 이 성향으로는 실용적인 사고에 이르지 못합니다. 사고를 할 때 조금이라도 서두름이 있으면 앞으로 나아가지 못하고 오히려 퇴보하게 됩니다. 이런 연습에는 무조건 참을성이 있어야 합니다.

36. 예를 들어서 이러저러한 것을 실행해야 한다고 가정합시다. 그것을 이렇게도 할 수 있고 저렇게도 할 수 있습니다. 여러 가지 가능성이 있습니다. 이제 참을성 있게 이렇게 하면 이렇게 될 것이고 저렇게 하면 저렇게 될 것이라고 표상합니다. 그 결과가 얼마나 다를지 상상해 봅니다. 사람이 어떤 일을 풀어 갈 때 이런 식이나 저런 식을 선호하는 데에는 당연히 이유가 있습니다. 그럼에도 일단 결정을 유보하고 두 가지 가능성을 그려 봅니다. 그다음에 단언합니다. "자, 이제 끝났다. 이제 이 일에 관해서는 더 이상 생각하지 않겠다."

37. 이 연습을 하면서 안절부절못하는 사람이 있을 것입니다. 그 안달스러운 상태를 극복하기 어렵겠지만, 그래도 극복하고 다음과 같이 말한다면 엄청나게 쓸모 있습니다. "이렇게 해도 되고 저렇게 해도 된다. 이제 잠시 동안 그 일에 관해서는 생각하지 않겠다." 가능하다면 해당 사항과 그 처리를 다음날까지 미룹니다. 그다음에 다시 두 가지 가능성을 돌이켜 봅니다. 그러면 그사이에 상황이 바뀌었다는 것을, 전날에 비해 다르게, 적어도 좀 더 근본적으로 결정한다는 것을 알아차립니다. 사물에는 내적 필연성이 있습니다. 그리고 우리가 임의로 서둘러 일을 처리하지 않고 그 내적인 필연성이 우리 내면에서 일을 하도록 두면, ㅡ그것이 우리 내면에서 일합니다ㅡ 다음날 그 필연성이 우리의 사고가 풍요롭게 나타나도록 하고 올바르게 결정할 수 있도록 만듭니다. 이는 엄청나게 유용합니다!

38. 예를 들어서 이러저러한 일에 조언을 해야 하거나 어떤 일을 결정해야 한다고 가정합시다. 이때 즉시 어떤 결정을 내리며 뛰어들기보다는 먼저 여러 가지 가능성을 제시할 참을성이 있어야 합니다. 스스로는 어떤 결정도 내리지 않습니다. 여러 가지 가능성이 조용히 일을 하도록 버려둡

니다. 사람들이 흔히 말하기를, 일을 결정하기 전에 하룻밤 재우라고 하지요. 그런데 잠을 재우는 것만으로는 해결되지 않습니다. 적어도 두 가지, 더 낫기로는 그 이상의 여러 가능성을 고려하고, 그다음에 이른바 의식적인 나/Ich와 더불어 관여하지 않는 상태에서 그 가능성들이 계속 일을 하도록 버려두는 것이 필수적입니다. 그리고 나중에 다시 일을 돌이켜 봅니다. 그런 방식으로 내적 사고력이 활성화되고, 이로써 사고가 점점 더 객관적이고 실용적으로 되는 것을 알아봅니다.

39. 이런 것을 연습하면 세상에서 무엇을 히 든, 스패너로 나사를 조이든, 쟁기로 땅을 파든, 이른바 고급 직업군에 속하든, 아주 하잘것없는 일상사에 이르기까지 실용적으로 사고하는 사람이 됩니다. 그렇게 연습하면서 세상의 사물을 완전히 다르게 파악하고 다르게 판단합니다. 그리고 이런 연습이 첫눈에는 내적으로 보이겠지만, 사실은 외부 세계를 위해 적합합니다. 외부 세계를 위해 상상할 수 없는 커다란 중요성이 연습 자체에 들어 있습니다. 이런 연습은 중요한 결과를 낳습니다.

40. 사물에 관해 정말로 실용적으로 사고하는 것이 얼

마나 필수적인지 한 가지 예를 들어 보여 주겠습니다. 어떤 사람이 사다리를 타고 나무에 올라가 일을 했습니다. 그런데 그만 나무에서 떨어져 부상을 당해 세상을 떠났습니다. 이 경우에 그 사람이 추락사한 것이라 생각하는 게 당연하지 않겠습니까? 보통은 추락이 원인이고 사망이 그 결과라고 말할 것입니다. 원인과 결과가 연결되는 것으로 보입니다. 그런데 이 경우에 소름 끼치는 착오가 있을 수 있습니다. 그 사람은 나무 위에서 심장마비가 왔고, 심장마비의 결과로 추락한 것일 수도 있습니다. 살아 있는 상태에서 추락한 경우와 똑같은 일이 발생했습니다. 정말로 사망의 원인이 될 수 있었던 바로 그 일을 그 사람이 당했습니다. 이런 식으로 원인과 결과가 완전히 전도될 수 있습니다. 이 예에서는 그것이 뚜렷하게 눈에 띕니다. 하지만 대부분은 놓친 것이 무엇인지 분명하게 판별할 수 없습니다. 이런 종류의 사고 오류는 상상 이상으로 자주 일어납니다. 네, 반드시 밝혀야 하는 사실이 있습니다. 이런 식으로 원인과 결과가 전도된 판단이 오늘날의 과학에서 날마다 내려지고 있다는 것입니다. 사고 가능성의 부재로 인해 사람들이 그 사실을 알아보지 못할 뿐입니다.

41.   어떻게 그런 사고 오류가 발생하는지 일목요연하게 보여 주는 예를 하나 더 들겠습니다. 이 예는 오늘 제시할 연습을 하는 사람은 그런 오류를 절대 범하지 않는다는 것도 보여 줍니다. 다음과 같이 가정합시다. 어떤 학자가 오늘날 되어 있는 그대로의 인간은 원숭이에서 진화했다고 주장합니다. 그러니까 내가 원숭이에서 알아보는 것, 원숭이의 기력 등이 점점 완벽하게 발달해서 결국 인간이 되었다는 것이지요. 이제 이 주제에서 사고 의미를 밝히기 위해 다음과 같은 전제 조건을 일단 세워 보기로 합시다. 그런 추론을 내세우는 사람이 어떤 상황으로 인해 지구상의 어느 곳에 완전히 혼자 있게 되었다고 가정합시다. 주변에는 그 사람 외에 원숭이들만 있습니다. 그의 이론에 따르면 원숭이에서 인간이 생겨날 수 있습니다. 이제 그 사람이 원숭이들을 정확하게 연구합니다. 그곳에 원숭이로 존재하는 것에 관한 개념을 세부 사항에 이르기까지 형성합니다. 그다음에 그 사람이 그때까지 인간을 단 한 명도 보지 않은 상태에서 원숭이의 개념에서 인간의 개념이 생겨나도록 시도해야 합니다. 절대로 그렇게 할 수 없다는 것을 깨달을 것입니다. 그 사람의 '원숭이' 개념은 인간의 개

념으로 절대 변화하지 않습니다.

42. 올바른 사고 습관이 들었다면, 그 사람은 다음과 같이 말하는 수밖에 없을 것입니다. "그래, 내 개념은 원숭이 개념에서 인간 개념이 나오는 식으로 변화하지 않는다. 그러므로 내가 원숭이에서 보는 것이 인간으로 바뀔 수 없다는 말이다. 그렇지 않다면 내 개념이 바뀔 수밖에 없을 것이다. 이에 따르면 내가 볼 수 없는 어떤 것이 반드시 부가되어야 한다." 그 사람은 감각에 드러나는 원숭이의 배후에 자신은 지각하지 못하는 초감각적인 어떤 것을 인정하는 수밖에 없습니다. 이 초감각적인 것이 비로소 원숭이를 인간으로 변화시킬 수 있습니다.

43. 우리는 사실의 불가능성을 다루려 하는 게 아니라 그 이론의 배후에 놓인 사고 오류를 보여 주고자 할 뿐입니다. 올바르게 사고한다면, 초감각적인 것을 전제하지 않은 채 사고를 해서는 안 된다는 사실에 이르게 됩니다. 여러분이 이에 관해 곰곰이 생각해 보면, 상당히 많은 사람이 압도적인 사고 오류를 범해 왔다는 사실을 알게 됩니다. 여기에 제시된 방식으로 사고를 수련하는 사람은 절대로 그런 오류를 범하지 않을 것입니다.

44. 오늘날의 문헌 대부분, 특히 자연 과학적 문헌에는 너무나 왜곡되고 잘못된 생각이 들어 있어서 정말로 올바르게 사고하는 능력이 있는 사람이 그런 것을 읽어야 할 일이 있으면, 실제로 육체적 고통을 불러일으키는 원천이 됩니다. 이렇게 말한다고 해서 자연 과학과 그것의 객관적 방법을 통해 획득된 엄청난 양의 관찰 결과를 무시하려는 의도는 절대 아닙니다.

45. 이제 우리는 사고의 근시성과 관계하는 부분에 이르렀습니다. 사람들은 자신의 사고가 전혀 객관적이지 않고 거의 모두 사고 습관의 결과일 뿐이라는 것을 모릅니다. 그래서 세상사와 인생을 꿰뚫어 보는 사람의 판단은, 예를 들어서 물질주의적 사상가처럼 그런 것을 전혀 꿰뚫어 보지 못하거나 조금만 그렇게 할 수 있는 사람의 경우와 완전히 다르게 형성됩니다. 이들은 아무리 상세하고 훌륭한 것이라 해도 근거를 들어서는 쉽게 설득할 수 없습니다. 인생을 별로 알지 못하는 사람을 근거를 들어서 설득해 보겠다는 것은 대부분 헛된 수고에 그칠 뿐입니다. 왜냐하면 이들은 이러저러한 것이 주장될 수 있는 근거 자체를 인정하지 않기 때문입니다. 모든 것에서 물질만 보는 습

관이 든 사람은 바로 그 사고 습관에 집착합니다.

46. 오늘날 어떤 사람이 어떤 주장을 하게 만드는 것은 일반적으로 근거가 아니라 그 근거 배후에 있는 사고 습관입니다. 이 습득된 사고 습관이 인간의 느낌과 감각 전체에 영향을 미칩니다. 어떤 근거를 댄다면, 그것은 습관적인 사고의 가면을 느낌과 감각에 씌우는 것일 뿐입니다. 이런 식으로 소망이 생각의 아버지가 되는 데에만 그치지 않고 모든 느낌과 사고 습관이 생각의 부모가 되기 일쑤입니다. 삶을 잘 알고 있는 사람은 논리적 근거로는 인생에서 어떤 사람을 설득하기가 쉽지 않다는 것도 압니다. 인생에서는 논리적 근거보다 영혼 속의 훨씬 더 깊은 것이 결정합니다.

47. 예를 들어서 우리의 인지학 운동을 봅시다. 그런 것이 있고 여러분이 지부에서 일을 하는 데에는 분명 정당한 근거가 있습니다. 일정 기간 인지학 운동에 협력한 사람 누구나 다른 사고, 느낌, 감각을 습득했다는 것을 알아차립니다. 왜냐하면 지부의 일을 통해서 여러분이 어떤 것을 위한 논리적 근거를 발견하는 데만 그치지 않고 더 포괄적인 느낌과 감각을 습득하는 데에도 몰두하기 때문입니다.

48.　몇 년 전만 해도 처음으로 정신과학 강의를 들은 사람이 상황에 따라서 얼마나 비웃었습니까? 얼마 전까지만 해도 그 사람이 완전히 터무니없어 한 수많은 것이 전적으로 명확하고 분명하게 되었습니다! 인지학 운동에 참여하면서 우리는 사고내용만 변화시키지 않습니다. 우리 영혼 전체를 더 넓은 전망 속에 들여놓는 것도 배웁니다. 우리 사고내용의 색조는 사람들이 보통 생각하는 것보다 훨씬 더 깊은 심층에서 올라온다는 사실을 분명히 해야 합니다. 인간에게 어떤 의견을 강요하는 것은 특정한 느낌, 특정한 감각입니다. 논리적인 근거는 대부분 장식품일 뿐입니다. 느낌, 감각, 사고 습관을 위한 가면일 뿐입니다.

49.　논리적 근거를 의미심장한 어떤 것으로 만드는 데에는 논리 자체를 사랑하기를 배우는 것이 속합니다. 먼저 객관성, 타당성을 사랑하기를 배우면, 비로소 논리적 근거가 결정적인 것이 됩니다. 그러니까 이러저러한 생각을 선호하지 않고 객관적으로 사고하기를 차츰차츰 배우는 것입니다. 그러면 시야가 넓어지고 실용적으로 됩니다. 이미 다 알고 있는 길의 흔적에 따라서만 판단하지 않고 사물 자체에 따라 사고하기를 배운다는 의미에서 실용적으

로 됩니다.

50. 진정한 실천은 적합한 사고, 사물 자체에서 흘러나오는 사고의 자식입니다. 여기에서 설명한 연습을 하면, 비로소 사물에 의해 고무되도록 우리 자신을 그냥 두기를 배웁니다. 그런데 이런 연습은 반드시 건강한 사물을 대상으로 삼아야 합니다. 건강한 사물이란 인간 문화가 가능한 한 거의 관여하지 않은 것, 인간 문화와 무관한 것을 말합니다. 그러니까 자연물입니다. 우리가 오늘 이야기한 것처럼 자연물로 연습하면, 실용적으로 사고하는 사람이 됩니다. 이는 정말로 실용적입니다. 기본 사항, 즉 사고를 수련하면, 일상생활의 가장 소소한 것도 실용적으로 처리하게 됩니다. 여기에서 설명한 것처럼 우리 영혼을 연습하다 보면, 실용적인 사고의 기준이 형성됩니다.

51. 인생에 진정으로 실용적인 사람을 만들어 내는 것이 정신과학적 운동의 결실이 되어야 합니다. 사람이 이러저러한 것을 진실이라고 여길 수 있는지, 이는 중요하지 않습니다. 중점은 사물을 올바르게 조망하는 쪽으로 진실이라 여기는 것을 옮겨 가는 것입니다. 우리가 감각적인 사물을 벗어나 이론화하면서 정신적인 것에 들어서는 것보다

훨씬 더 중요한 것은 인지학이 우리 영혼을 파고들어 영혼 활동 쪽으로 우리를 이끌어 가고 우리 시야를 확장시키는 양식과 방식입니다. 바로 이것에서 인지학이 진정으로 실용적인 어떤 것이 됩니다.

52. 인지학적 운동의 중요한 사명은 이 운동을 통해서 인간의 사고가 유연해지고, 사물의 배후에 정신이 있다는 것을 사고하도록 수련시키는 것입니다. 인지학적 운동이 이 의향에 불을 붙이면, 사람들이 차 안에서 차를 밀어 움직이려 하는 식의 사고는 절대 생겨나지 않는 문화가 확립될 것입니다. 그것은 저절로 영혼에 흘러듭니다. 영혼이 인생의 커다란 사실에 관해 사고하기를 배우면, 숟가락에 대해서도 올바르게 사고하게 됩니다. 그러면 숟가락과 관계하는 것에서만 실용적으로 되지 않습니다. 보통 해 왔던 것에 비해 더 실용적으로 못을 박고, 더 실용적으로 그림을 걸게 됩니다. 영적-정신적 삶을 하나의 전체로 고찰하도록 배우기, 그리고 이런 관조를 통해서 모든 것을 점점 더 실용적으로 형성하도록 배우기, 이것은 커다란 의미가 있습니다.

베를린 강의

1909년 2월 11일

1. 　　여기 이 강의에서는 인지학적 정신과학을 단편적으로 서술할 수 있을 뿐입니다. 그에 관해 모르거나 알아보려 하지 않는 사람들 대부분은 인지학적 정신과학이 몽상가나 괴짜, 혹은 흔히 말하듯 진짜 인생에, 실생활에 박혀 있지 않은 사람을 위한 영역으로 간주합니다. 그런데 이런 속단은 이러저러한 안내서를 읽거나 강연 몇 회를 듣고 정신과학의 목적과 내용을 피상적으로 알아보려는 사람들이 주로 내리는 것입니다. 특히 정신적 세계를 파고들려는 의지, 네, 오늘날 너무나 풍부하게 있는 그 의지로 충분히 준비되지 않았다면, 혹은 오늘날 이 영역에 대해 만연하는 수많은 적대적 암시로 무장되어 있다면, 더욱 쉽게 그런 판단을 내립니다. 게다가 의식적 혹은 무의식적으로 악한 의도가 더해지면, 당연히 다음과 같이 말하기 마련입니다. "아이고, 그 정신과학이라는 것은 실용적인 사람이 관

여할 만한 게 절대 아니야, 그런 것을 다루어서는 안 돼!"

2. 그러나 정신과학 자체는 생활의 가장 실용적인 분야와 굉장히 유사하다고 느낍니다. 그리고 정신과학은 올바르게 실천되는 바로 그곳에서 가장 실용적인 것, 즉 실용적인 사고가 특별하게 육성되는 데 가장 큰 가치를 둡니다. 인지학적 정신과학은 사람들을 세상사에서 멀어지게 하며 뜬구름 잡는 소리나 하는 것이 되고자 하지 않습니다. 오히려 우리가 사고하고 행하고 느끼는 모든 것에 있어 매 순간 활용할 수 있는 것이 되어야 합니다. 그런데 정신과학은 인간 스스로 더 고차적인 세계에 파고들 때 통과하는 단계를 향한 준비 과정이기도 합니다. 정신과학은 정신적 세계를 파고들기 위한 눈이 이미 열린 사람에게만 가치 있는 게 아닙니다. 제가 자주 강조하는 것이 있습니다. 정신적 세계의 전달 사항을 파고들기 위해서는 건강한 이성이 있으면 충분하고, 그런 이성이 있는 사람에게는 그 전달 사항이 정신적 세계에 들어설 수 있기 훨씬 전에 이미 끝없는 가치가 있다는 것입니다. 그럼에도 정신과학은 나중에 스스로 더 고차적 세계로 파고들기 위한 준비 과정으로 모든 사람을 위한 것입니다.

3. 정신적 세계로 파고들기 위해 실천해야 할 다양한 방법과 수련에 관해서는 우리가 이미 부분적으로 이야기했고, 부분적으로는 아직 더 이야기할 것입니다. 그런데 그렇게 하는 데에는 언제나 무조건적인 전제 조건이 있습니다. 정신적 세계에 파고들어 가고 싶다, 주어진 정신과학의 방법을 정확하게 적용하고 싶다, 그런데 그렇게 하고 싶은 사람이 건강한 사고, 실용적으로 양성된 사고의 지반을 딛고 있지 않다면 삶의 더 고차적인 영역으로 가는 길에 한 발도 내디뎌서는 안 된다는 것입니다. 바로 건강한 사고가 정신적 세계에 파고들기 위한 진정한 중심 동기며 지도자입니다. 정신과학을 경시하지 않고 실재와 그 법칙에 연결된 사고를 위해 엄격하게 자아 교육을 하는 사람이 정신과학적 방법을 통해서 정신적 세계에 가장 잘 도달합니다. 그런데 진정으로 실용적인 사고를 다루다 보면, 오늘날 세상에서 실천이라 부르는 것, 더 나아가 사고 실천이라 부르는 것과는 정반대에 이릅니다. 이것의 특성을 설명하기 위해서라면, 이 자리에서 이미 자주 시사한 것을 떠올려 보기만 하면 됩니다. 오늘날 실용적인 사람들이 말하는 실천이란 과연 무엇입니까? 어떤 사람이 직업 양성소

의 장인에게 갑니다. 그곳에서 지난 수십 년 혹은 수백 년간 해 온 대로 모든 기술을 배웁니다. 그렇게 하면서 가능한 한 덜 생각하고, 가능한 한 더 많이 지금까지 해 온 그대로 따라 하는 사람을 세상은 실용적이라고 여깁니다. 오랜 세월 해 온 것에서 조금이라도 벗어나면 대부분 비실용적이라고 여깁니다. 그렇게 전승된 실천을 그대로 유지하는 것은 이성이 아니라 그야말로 폭력성, 잔인성과 결부되어 있습니다. 결정하는 위치에 있는 사람이 자기가 하는 것처럼 하라고 다른 사람들을 들들 볶습니다. 게다가 그 사람이 권력을 쥐고 있다면, 자기 방식과 다르게 하는 사람은 모두 내팽개쳐 버립니다.

4.   그러면 이 자리에서 이미 자주 거론한 경우와 비슷한 상황이 됩니다. 퓌르트발 뉘른베르크행 철도처럼 위대한 진보에 속하는 사업이 실행되어야 했습니다. 거기에 비상하게 실용적인 의학 전문가들, 바이에른 의과 대학 교수진도 당연히 소견을 제출해야 했겠지요. 그 전문가들의 소견이 다음과 같았습니다. "인간의 신경이 완전히 파괴될 수 있기 때문에 건설하면 안 된다. 그럼에도 건설해야 한다면, 철도 좌우에 높은 담장을 쳐서 지나다니는 사람들

이 뇌진탕을 겪지 않도록 미리 방지해야 한다." 1835년의 일입니다. 그리 오래된 일이 전혀 아닙니다. 바로 그 분야의 실용가들을 오늘날에도 실용가로 여길 수 있는지 의문입니다.

5. 인생에서 실용가라고 자칭하는 사람들에 의해 세상이 진보하는지, 아니면 다른 사람들에 의해서 진보하는지 제대로 보여 줄 수 있는 다른 예가 있습니다. 오늘날 편지를 부칠 때마다 우체국에 갈 필요도 없고, 안내서를 들여다보면서 거리에 따른 우편 요금을 계산할 필요도 없다는 것을 여러분 모두 당연히 매우 실용적이라고 여길 것입니다. 이렇게 일률적인 우편 요금은 1840년대에 처음으로 영국에서 고안되었습니다. 그런데 우체국에서 일하는 실용가가 고안해 낸 게 아닙니다. 영국 의회에서 해당 법안을 통과시켜야 했을 때 그 실용가는 심지어 다음과 같이 말하기도 했습니다. "우선, 힐이라는 사람이 예상하는 장점이 실제로 생겨날 것이라고는 믿지 않고, 만에 하나 그렇게 된다면 우체국 건물을 확장해야 합니다." 그 실용가는 우체국 건물의 크기에 우편 물량을 맞추는 게 아니라 거꾸로 우편 물량에 건물의 크기를 맞춰야 한다는 것을 생각하지

못했습니다. 그리고 포츠담으로 하루 두 대씩 역마차를 운행하도록 한 실용가는 베를린발 포츠담행 철도가 건설된다고 하자 다음과 같이 말했습니다. "사람들이 그렇게도 돈을 내다 버리고 싶어 한다면 철도를 건설해도 된다."

6. 이렇게 인생의 중대사를 고려해야 할 때 이른바 실용가는 전혀 실용적이지 않았습니다. 그런 까닭에 사고의 실용적인 형성에 관해 이야기하면, 그런 실용가의 정반대에 이를 수 있습니다. 진정한 실천이 삶 속에 어떤 식으로 들어 있는지 보여 줄 수 있는 것들이 공평무사하게 관찰하는 사람에게는 인생의 모든 영역에서 제공됩니다. 실용적인 사고가 예를 들어서 무엇을 저지할 수 있는지 제가 아주 명백한 예시로 경험한 적이 있습니다. 대학 시절에 어떤 친구가 흥분해서 상기된 얼굴로 저한테 왔습니다. 자기가 대단한 물건을 발명했기 때문에 교수에게 보고하러 가는 길이라 했습니다. 그런데 금세 다시 돌아와 한 시간 후에야 그 교수를 만날 수 있다고 하면서 저한테 자신의 발명품에 관해 설명하기 시작했습니다. 그것은 극소량의 증기력을 단 한 번 공급해서 일단 기계가 움직이도록 하면, 그다음부터는 계속해서 돌아가며 엄청난 양의 노동을 하

는 장치였습니다. 그 친구는 자신이 그렇게 영리하다는 것에 스스로 놀라워했습니다. 주제가 그럴 듯해 보인 것입니다. 제가 그 전체를 기본적인 사고내용으로 되돌려 보라고 했습니다. "잘 생각해 봐, 네가 기차 안에 서서 있는 힘을 다해 객실 벽을 밀어 대면서 기차가 앞으로 나가는지 보려 하는 것은 아닌지."

7. 모든 실용적인 사고에 대한 주요 장애물을 한 가지 기술技術 용어로 표현할 수 있다는 사실이 그 당시에 분명해졌습니다. 차 안에서 차를 미는 사람! 사람이 아주 좁은 영역만 조망하고, 그 영역에서 배운 것만 적용할 수 있다는 말입니다. 그런데 인간은 타고난 성향을 통해서 한자리에 머물러 있도록, 차 밖에서 보면 그림 전체가 본질적으로 달라진다는 사실을 생각하지 않도록 강요됩니다.

8. 바로 이것이 무엇보다 사고를 실용적으로 형성하고자 할 때 고려해야 하는 근본 원칙 중 하나입니다. 사고의 특정한 내적 타성과 연결된 특성은 사고가 자신을 기꺼이 고립시키고, 외부의 고찰 대상과 밀접하게 관계하는데도 불구하고 그것을 망각한다는 것입니다. 칸트-라플라스 이론을 다음과 같은 방식으로 증명한다는 것을 예전

에 제가 설명한 적이 있습니다. "아주 먼 옛날에 세계 안개가 있었다. 이것이 어떤 원인으로 인해 회전하기 시작했다. 그래서 차츰차츰 태양계의 행성들이 분리되어 나가며 오늘날에도 지속하는 운동성을 얻었다." 이런 것을 분명하게 이해시키기 위해 학교에서 실험으로 가르칩니다. 그릇에 물을 담고 기름방울을 떨어뜨립니다. 적도에 해당하는 것으로 둥글게 자른 마분지를 그 기름방울에 삽입합니다. 그다음에 마분지 중심에 긴 뜨개질바늘을 찔러 넣어 기름방울을 젓기 시작합니다. 그러면 작은 기름방울이 적도 주변에서 분리되어 나가서 커다란 기름방울 주변을 행성처럼 회전합니다. 단, 그렇게 하는 사람이 사고한다는 관계에서 '차 안에서 차를 미는 사람'이 바로 자신이라는 것을 망각합니다. 자신을 망각합니다. 이렇게 자신을 망각하는 것은 많은 경우에 상당히 편하기는 합니다. 실험에서 회전을 일으킨 장본인이 자신이라는 것을 간과합니다. 그런데 실험할 때는 그에 관계하는 모든 요소를 고려해야 합니다.

9. 무조건 가장 먼저 있어야 할 것은 사고내용의 실재성, 사실성에 대한 믿음과 신뢰입니다. 물이 들어 있지 않은 컵에서는 물을 덜어 낼 수 없습니다. 이와 같은 이치로

사고내용이 들어 있지 않은 세계에서는 사고내용을 덜어 낼 수 없습니다. 가장 어처구니없는 것은 모든 사고내용이 우리 자신의 내면에서 일어난다고 여기는 것입니다. 사고내용에 따라 형상화되지 않은 세계, 사고내용에 따라 그 형태를 얻지 않은 세계에서 어떤 사고내용을 덜어 낼 수 있으리라 믿어서는 절대 안 됩니다. 저 바깥 세계에 들어 있지 않은 사고내용은 우리 영혼 속에 하나도 없습니다. 아리스토텔레스는 많은 현대인보다 더 올바르게 말했습니다. "인간이 자신의 사고 속에서 궁극적으로 발견하는 것은 저 바깥세상에 최초의 것으로서 이미 들어 있다."

10. 사물 속에 사고내용이 들어 있다는 것에 대한 신뢰가 있다면, 사고를 근거로 사고하는지, 더 정확히 말해 사물에서 가능한 한 적게 분리된 대상물적 사고를 근거로 사고하는지 언제나 주시하면서 자신을 교육하는 수밖에 없다는 것도 인정하게 됩니다. 하인로트는 괴테에 관해 훌륭한 의견을 표했습니다. 괴테의 사고는 사물 자체에 들어 있는 사고내용 외에 다른 것은 전혀 표현하지 않는 대상물적인 것, 관념적 사고내용, 창조적 사고내용 외에 다른 것은 사물에서 전혀 찾지 않는 대상물적인 것이라 했습니다. 사

고내용의 실재성을 알아보면, 진정으로 실용적이고 건강한 사고를 위해 어떻게 그 실재성 자체에서 자아 교육을 할 수 있는지도 알아봅니다.

11. 그렇게 하고자 할 때는 세 가지 사항을 고려해야 합니다. 첫 번째는 우리 주변에 있는 외적 실재에 대한 관심, 사실 감각, 그리고 대상물 감각과 관계하는 관심을 무조건 발달시켜야 한다는 것입니다. 주변 환경에 대한 관심, 이것이 사고 교육을 위한 마법의 주문입니다. 두 번째는 우리가 하는 일에 대한 사랑과 즐거움입니다. 그리고 돌이켜 성찰할 때 충족감이 세 번째입니다. 이것이 세 가지 주요 요구 사항이라는 것을 이해하는 사람은 머지않아 사고의 실용적인 형성에 어떤 요구 사항이 제시되어야 하는지도 알아봅니다.

12. 사고에 가장 강력한 적敵은 근본적으로 대부분 사고 그 자체입니다. 사고는 인간 스스로 하는 것이고 사물에는 사고내용이 담겨 있지 않다고 믿는다면, 실제로 사고 실천을 적대적으로 마주 대하는 것입니다. 어떤 사람이 인간에 대해 좁게 한정된 몇 가지 표상을, 천편일률적으로 틀에 박힌 개념 몇 개를 만들었다고 한번 가정해 봅시다. 이

제 그 사람이 자기 틀에 어느 정도 들어맞는 특성이 있는 다른 사람을 만납니다. 그러면 자신의 표상과 개념으로 금세 판단을 내리고 상대방이 특별한 어떤 것을 더 알려 줄 수 있겠다 생각하지 않습니다. 모든 것이 우리에게 특별한 어떤 것을 말해 줄 수 있다는 생각으로, 사물 자체 외에 다른 어떤 것이 그에 대한 판단을 내리도록 둘 권리가 우리에게는 없다는 생각으로 세상의 모든 것에 접근한다면, 머지않아 그런 자세의 결과를 보게 됩니다. 우리가 사물에 대해 말할 수 있는 것보다 훨씬 더 많은 것을 사물 자체가 말해 줄 수 있다는 믿음이 또한 사고의 실천을 위한 바닙직 이상입니다.

13. 어떤 사람이 다음과 같은 원칙을 성공적으로 실천했다고 한번 가정해 봅시다. 그 사람의 친구가 오늘 이곳저곳을 방문했다는 사실을 알게 되었습니다. 이제 그 사람이 사고와 관련해 자아 교육을 하고자 합니다. 그러면 다음과 같은 질문을 하면 유익합니다. "어제나 그제 혹은 그 이전에 어떤 일이 있었기에 오늘 그 친구가 그렇게 한 것인가? 오늘 행위의 원인이라 생각되는 것으로 거슬러 올라가 보겠다." 그런 사건을 찾아냅니다. 검사해 보니 내가 원

인으로 발견한 것과 내 생각이 일치한다는 결과가 나옵니다. 제대로 생각한 것입니다. 그런데 대부분은 그렇게 들어맞지 않습니다. 그러면 실제로 일어난 사건을 잘못된 내 사고내용과 비교할 수 있습니다. 이렇게 하다 보면 차츰차츰, 짧거나 긴 세월이 흐르는 동안 오류가 점점 줄어들고, 객관적 사실에 부합하는 사고내용을 사실 자체에서 벗겨낼 수 있다는 것을 알아챕니다. 혹은 한 가지 사건에서 내일이나 몇 시간 후에 결과로 일어날 수 있는 것을 구성해 보도록 노력합니다. 이 경우에도 처음에는 잘 들어맞지 않을 것입니다. 하지만 머지않아 사고가 사건에 적응하고, 그에 관해 구성한 사고내용처럼 사건이 흘러가게 될 것입니다. 이에 더해 추출한 추상적 사고내용을 형성하지 않도록 절제한다면, 자신이 사물과 동화된다는 것을 차츰차츰 느끼게 됩니다.

14. 그렇게 사고하도록 특정한 본능에 의해 떠밀려지는 사람들도 있습니다. 예를 들어서 괴테가 그런 경우입니다. 괴테의 사고는 머릿속이 아니라 사물에 들어 있었습니다. 괴테는 법률가로 활동한 적이 있는데도 법에 관해서는 많이 알지 못했습니다. 하지만 개별 사건에서 무엇을 해야

할지 확실한 본능으로 알았습니다. 새로운 사건을 다루어야 하는 경우 조사하느라 조서를 뒤적이며 시간을 버리는 일이 없었습니다. 괴테가 장관 시절에 작성한 공문서가 모두 공개된다면, 그가 탁월하게 실용적인 성격의 소유자로 세상사에 낯선 사람이 전혀 아니었다는 사실이 비로소 만방에 드러날 것입니다. 신병 모집 업무를 볼 때도 거기에서 일어나는 모든 것을 관찰하면서 『이피게니에』[01]를 썼습니다! 요즘 시인들이 작품을 쓸 때 절대로 방해하면 안 된다는 사실과 한번 비교해 보십시오. 그럼에도 괴테는 오늘날 방해하면 절대 안 되는 모든 시인보다 훨씬 너 위대한 시인입니다. 괴테는 탁월하게 실용적으로 사고했기 때문에 예를 들어 창가에 서서 바깥을 내다보며 다음과 같이 말할 수 있었습니다. "세 시간 안에 비가 내릴 터라 오늘

---

01 『타우리스의 이피게니에Iphigenie auf Tauris』_ 독일 고전주의 연극의 백미로 꼽히는 이 작품은 괴테가 1779년에 산문 형식으로 썼으며, 1786년에 이태리 여행을 하면서 연극 형식으로 개작했다.
  옮긴이 이 제목이 '이피게니'로 번역되어 있는데, 이것은 오역이며 '게'에 악센트가 있는 '이피게니에'가 맞는 발음이다. 이 제목에서 '타우리스'는 그리스 신화의 '타우루스'와 무관하며 크림 반도를 일컫는다.

은 나갈 수 없겠어." 괴테는 구름을 연구했습니다. 하지만 조야한 이론을 만들어 내지는 않았습니다. 이것은 특정한 무욕과 관계합니다. 먼저 자신만 생각하는 사람은 그리 멀리 나아가지 못합니다. 어떤 것을 비교한 다음에 곧바로 "그럼 그렇지, 내가 그렇게 말했잖아!" 하고 우쭐대는 사람은 이루는 게 별로 없습니다. 최우선적인 것은 깊이 생각하며 사물에 들러붙어 사물 자체 안에서 사고하는 것입니다.

15. 그다음에 두 번째는 하는 일에 대한 사랑과 즐거움입니다. 그런데 이 사랑과 즐거움은 성공에 전혀 신경 쓰지 않을 때만 진정한 의미에서 있을 수 있습니다. 성공만 중시하는 사람은 일에 대한 사랑과 즐거움이 차츰차츰 영감으로 우리를 고취시키기 위해 필요한 내적 평정을 발달시킬 수 없습니다. 그냥 재미있어서 어떤 일을 열심히 할 때보다 더 많이 배우는 경우는 없습니다. 성공했을 때와 똑같이 실패했을 때도 즐거워할 능력이 없다면, 우리는 사물이 담고 있는 사고내용을 말하도록 둘 능력도 절대 되지 못합니다.

16. 세 번째는 반드시 사고 자체에서 충족감을 발견해

야 한다는 것입니다. 바로 이것이 오늘날 가장 격한 논란 거리입니다. 오늘날 다음과 같은 말을 굉장히 많이 듣습니다. "우리 아이들이 이러저러한 것을 배우기 위해 무엇이 필요한가?" 아이들은 인생에서 그런 것을 전혀 필요로 하지 않습니다. 그런 것이야말로 가장 비실용적인 원칙입니다. 사고가 성공으로 이끌어 갈 것이라는 기대 없이 순수하게 사고하는 활동이 인간에게 충족감을 보장하는 영역, 이것이 인간을 위해 반드시 있어야 합니다. 어떤 직업에 종사하든 순수한 사고로 전개하는 것과 사고를 통해 충족되는 어떤 것을 아주 잠깐이라도 할 시간이 없다면, 그런 영역을 발견하지 못한다면, 그 사람은 언제까지나 기존의 길에 머물 수밖에 없습니다. 그런 것을 발견하는 사람에게는 강력한 효과를 발하는 어떤 것, 유기체의 섬세한 조직 속까지 영향을 미치는 어떤 것이 생겨납니다. 신체에 우리를 얽어매는 것은 절대 창조적으로 형성하는 식으로 작용하지 않습니다. 그런 것은 우리의 능력을 소모합니다. 우리 자신의 사고적 충족감을 위해서만 다루는 사물이 생명력을 만들어 내고, 이 생명력이 우리 유기체의 가장 섬세한 조직 속까지 들어가 유기체의 형성을 고양합니다. 우리가 충족감을 위해 내적으로 작업함으로써 어떤 것을 만들어 내고, 바로 그것을 통해서 우리가 세상 속에서 더 나아갑니다. 그다음에 그것으로 실생활을 대하면, 그것이 옳다는 것이 드러납니다. 생활 실천에 얽매여 있으면, 언제나 같은 흔적을 만들어 내기 마련입니다. 그리고 진취성을 발달시키는 자유가 없습니다. 그런데 사람이 그렇게 자유로운 사고 활동을 통해서 자신을 더 높이 양성하면, 이른바 두 가지 존재로서 그런 흔적을 마주 대하게 됩니다. 이런 까닭에 생활 실천에 직접적으로 속하지 않는 것을 연습하면, 실제로 시간을 잃어버리기는 해도 간접적으로는 생활 실천을 활성화합니다.

17. 이것이 사고 형성을 위한 세 가지 기본 원칙입니다. 대단히 예리한 방식으로 인생의 연관성을 투시한 사람 중 한 명인 레오나르도 다빈치가 얼마나 훌륭하게 그 점을 알고 있었는지 한번 보십시오. 일에 대한 사랑과 즐거움을 발달시키고 싶다면 어떻게 해야 하는지 정확하게 묘사합니다. 그런 묘사가 먼저 보여 주는 것은 어떻게 우리가 신뢰를 통해 세계 구조에, 더 나아가 사고 자체를 믿으며 사고 실천에 익숙하게 되는가 하는 것입니다. 다음과 같은 것

을 체계적으로 연습하는 사람은 많은 것을 이루게 됩니다. 일단 어떤 것에 관해 숙고합니다. 그것은 완전히 일상적인 것일 수도, 대단히 고상한 것일 수도 있습니다. 이제 서둘러 답을 얻고 싶어 한다면, 대부분은 실용적인 사고를 통해서 일어나지 않습니다. 사고내용에 너무 많은 것을 섞어 넣어서는 안 됩니다. '우리 내면에서 사고내용이 작용하도록 둘 것, 우리를 사고의 작용을 위한 무대로 만드는 데 익숙해질 것', 이것이 주요 요구 사항입니다. 일 자체가 특정 방식으로 되도록 두는 것이라 생각할 수 있습니다. 그런데 우리는 독단론자가 아닙니다. 그래서 일이 이러저러한 방식으로, 아마도 세 번째, 네 번째, 혹은 열 번째 방식으로도 이루어질 수 있겠다고 가정합니다. 마치 아무 관계도 없다는 듯한 자세로 문제 자체를 자세히 그려 봅니다. 당연히 그런 식으로 다루어질 수 있는 것에만 그렇게 한다는 말입니다. 열 가지 답이 있다고 합시다. 열 가지 모두를 정성스럽게 마음을 다해 생각으로 실행합니다. 그다음에 모두 그냥 버려둡니다. 그에 관해 더 이상 전혀 생각하지 말아야 합니다. 사고내용 자체가 작용하도록 둡니다. 다음과 같이 말해야 합니다. "사고내용은 내가 관여하지 않아도 내 영혼 속에서 작용하는 위력이다." 하루이틀 정도 기다립니다. 두세 번 그렇게 하다 보면, 문제가 매번 더 나은 방식으로 풀립니다. 그러면 사고내용은 내가 없어도 계속해서 작용하는 실재라는 이 사고내용을 근거로 일을 합니다.

18. 일정 기간 이 연습을 하는 사람은 사고가 얼마나 융통성 있게 되는지, 자신이 얼마나 재치 있게 되는지 알아차립니다. 그로써 가장 일상적인 것에 이르기까지 요령 있는 것과 서투른 것, 바보스러운 것과 현명한 것 등 모든 것과 결합하게 됩니다. 이른바 대단히 실용적인 사람이 자주 보이는 방식으로는 절대 행동하지 않게 됩니다. 그런 사람들이 예를 들어서 집처럼 편안하게 느끼지 못하는 곳에서 여행하는 모습을 보면, 정말로 기이하게 구별됩니다. 제가 말하는 연습은 어떤 것을 만지는 자세와 방식에 이르기까지, 손끝에 이르기까지 작용합니다. 접시나 그릇을 다른 사람들보다 훨씬 덜 떨어뜨리게 됩니다. 추상적이지 않은 방식으로 매일 연습하면 실용적인 사고는 손끝과 발끝까지 작용합니다.

19. 비실용적인 사고가 최상으로 드러나는 것은 다름 아니라 과학에서 사고가 작용해야 할 때입니다. 제가 여

러분께 천문학에서 나온 가설적 예시를 이야기한 적이 있습니다. 그런데 현재도 과학은 종종 끔찍하게 비실용적입니다. 오늘날 사람들이 무한한 가치가 있는 것에 덤벼드는 자세를 보면, 가끔은 소름이 끼칩니다. 현미경으로 식물을 관찰합니다. 곤충의 눈처럼 다면적 형태로 된 진기한 모양을 식물에서 발견합니다. 어떤 식물은 그 자체가 렌즈처럼 보입니다. 식충 식물 등 여러 가지를 관찰합니다. 이 모두 중요한 관찰입니다. 그런데 사물이 인간 내면에 반사하는 것과 식물에서 외적으로 관찰하는 것, 이 두 가지를 혼동합니다. 그래서 식물 영혼, 동물 영혼, 인간 영혼을 뒤죽박죽으로 완전히 섞어 버립니다. 널리 알려진 서적에서 이런 것을 읽을 수 있습니다. 그런 유명한 서적을 통해 세상에 알려진 훌륭한 관찰을 비난하는 게 아닙니다. 그런데 그런 사고내용은 생각을 할 수 있는 사람에게 실제로 다음과 같은 것이 떠오르도록 만듭니다. "나는 아주, 아주 인위적으로 조직된 일종의 존재를 알고 있다. 그것은 마치 자력이 있는 듯 작은 존재를 끌어당겨 삼켜 버리는 기관이 있다." 이것은 식물 관찰에서 나온 사고내용과 똑같습니다. 그런데 제가 주시하는 그 존재는 쥐덫입니다! 식물에 영혼이 불어넣어졌다는 생각이 원하는 의미에서라면 쥐덫도 영혼이 불어넣어졌다고 말할 수 있습니다. 이런 것에서도 차 안에서 차를 미는 사람이 되어서는 안 됩니다.

20.　　대단히 중요한 것이 하나 더 있습니다. 그것은 가장 내적인 정신적 사고 기관에 대한 신뢰입니다. 인간이 이른바 언제나 현존하지 않도록 대부분은 자연이 배려합니다. 인간은 잠을 자야 하지 않습니까? 잠을 자는 동안에는 사고 기관이 독자적으로 작용합니다. 인간이 계속해서 그것을 망가뜨릴 수 없습니다. 그런데 인간이 자연만 작용하도록 두지 않고 수련을 자신의 일로 만드는 것 또한 매우 중요합니다. 잠깐이라도 하루 중에 한 번쯤은 아무것도 생각하지 않도록 자신에게 강요해야 합니다. 아무것도 생각하지 않도록 자제하기보다는 잠을 통해 해방될 때까지 온갖 생각이 오락가락 작용하도록 두는 게 훨씬 편하기는 합니다. 그런데 아무것도 생각하지 않도록 애쓰면, 사고 기관이 작용해서 힘을 모읍니다. 생각하지 않을 가능성에 반복해서 들어서는 사람은 잠이 사고 기관에 작용하도록 두는 데만 그치지 않고 사고 기관의 양성을 위한 주도권을 잡음으로써 주로 재치 있어지는 것을 보게 됩니다.

21.　영성의 모든 정신에 의해 버림받은 사람만 그렇게 해서는 절대 사고할 수 없다고 믿을 수 있습니다. 이와 관련해 자연에 관한 괴테의 말이 정당성을 얻습니다. "사고해 왔으니 자연은, 그리고 끊임없이 심사숙고하니." 인간이 자신의 사고에 전혀 현존하지 않는다 해도 내면에서 어떤 것이 사고합니다. 인간이 그것을 의식하지 못할 뿐입니다. 인간이 자신의 사적인 생각 없이 그냥 있는 그 순간에 정말로 더 고차적인 것이 내면에서 사고합니다. 그러면 내면의 초의식적인 것, 내면의 신적인 것이 활동하고 작용하도록 두게 됩니다. 이것은 직접적으로가 아니라 그 효과로만 드러납니다. 그런 사고 수련을 하기 위해서는 일정 정도의 실행력이 필요합니다.

22.　어떻게 사고를 교육할 수 있는지 보았습니다. 오늘은 사고의 자아 교육을 위한 개별적인 예를 몇 가지 제시할 수 있었을 뿐입니다. 그런데 이 예들은 우리가 사고의 진정한 치료제를 암시할 수 있다는 것을 보여 줍니다. 그 치료제의 열매는 경험이, 인생 자체가 줄 수 있습니다. 그렇게 사고를 수련하는 사람은 한편으로는 정신생활의 가장 고차적인 영역으로 올라갈 수 있다는 것을, 다른 한편으로

는 가장 실용적인 것에 사고를 적용할 수 있다는 것을 알아봅니다. 정신적 사실을 조망해서 얻은 것은 실생활에 적용되어야 합니다. 그 조망을 통해서 모든 영역을, 특히 교육학을 얻을 수 있습니다. 생활 실천에 관한 완전히 다른 시각이 어디에서나 자리를 잡을 것입니다. 그뿐만 아니라 더 고차적인 세계들로 뚫고 들어가고자 하는 사람은 확고한 지반을 얻게 될 것입니다. 그리고 바로 이것이 전적으로 요구되어야 하는 것입니다. 일반 과학도 정신과학을 본받는다면 상상 이상으로 엄청난 것을 얻게 될 것입니다.

23. 사고와 관련해 차 안에서 밀어 대는 사람은 이런 실용적인 사고를 하지 못합니다. 그에게는 그런 것이 없습니다. 단순하고 포괄적인 사고내용으로 어떤 것을 환원할 능력이 없습니다. 정신과학은 우리에게 바로 그것을 줍니다. 인생에서 미세하게 갈라져 나간 것을 커다란 관점으로 조망할 능력을 줍니다. 그러면 온갖 부질없는 추측에 등 돌리게 됩니다. 그러면 진정한 생활 실천으로 인도됩니다. 레오나르도 다빈치를 보십시오. 그를 모범으로 삼을 수 있습니다. 그가 다음과 같은 말을 했습니다. "이론이 대장이고 실천은 병사들이다."

24. 주도하는 사고 없이 실천하겠다 덤벼드는 사람은 나침반도, 배를 조종할 능력도 없이 배를 타는 사람과 똑같습니다. 다름 아니라 바로 과학이 비실용적인 사고를 통해 아무 결실도 보지 못하는 사고내용에 도달했다는 것을 괴테가 시사했습니다. 과학계에 외부 세계를 원자로 환원시키는 사람들이 있습니다. 그리고 운동으로 환원시키는 사람들도 있고, 이것을 부정하는 사람들도 있습니다. 그 모든 것에 대해 가장 실용적인 사고는 세계관의 위대성에서 단순성이 나온다는 것을 가리킵니다. 괴테의 말이 정곡을 찌릅니다. 이제 괴테의 명상시를 주시해 볼 수 있겠습니다.

적대 세력이 눈알을 굴린다면,
침착하렴, 벙어리가 되렴;
그리고 그들이 운동이라고 속인다면,
그들의 코앞에서 뱅뱅 돌아 주렴![02]

---

[02] 『온순한 크세니엔Zahme Xenien. Ⅲ.』(지식을만드는지식 2022)

뉘른베르크 강의

1909년 2월 13일

1. 정신과학 혹은 인지학이 원하는 것, 인지학이 목표로 삼는 것에 관해 이러저러한 안내서를 통해 수박 겉 핥듯이 알아보려는 사람은 의심할 여지없이 그런 방식으로 인지학에 대해 듣는 우리 시대 사람들 대부분이 내리는 판단에 당도하기 마련입니다. 그 판단은 다음과 같습니다. "다른 것도 아니고 하필이면 정신과학 혹은 인지학이 사고의 실용적인 형성에 관해 무슨 말을 할 수 있겠는가?" 많은 사람이 그렇게 피상적으로 알게 된 것을 통해서 정신과학 혹은 인지학은 공중누각 같은 것, 인생사와 거리가 멀고 세상 물정을 모르는 것, 진정한 실천에서 인간을 떼어 내는 것이라 실생활의 요구에 연결되어야 하는 실용적인 사고의 요구에 관해 이야기할 수 있는 게 거의 없다는 의견을 형성합니다.

2. 정신과학 혹은 인지학에 본질적으로 좀 더 깊이 관

여하는 사람은 다르게 판단합니다. 그 뿐만 아니라 두 가지 이유에서 그것이 실용적 생활 과제로서 사고에 관해서도 몇 가지를 이야기해야 할 사명이 있다는 것을 알아봅니다. 첫 번째 이유는 정신과학 혹은 인지학이 비실용적이고 세상 물정에 어둡고 심지어는 인생에 적대적인 인간을 양성하면 절대 안 된다는 것입니다. 그와는 정반대로 그것이 되고자 하는 모든 것에 있어서 가장 소소한 일상생활에 이르기까지 파고들 수 있어야 합니다. 우리가 생활에서 늘 하는 손놀림에 이르기까지 파고들어야 한다고 말할 수 있습니다. 정신과학 혹은 인지학이 우리가 처리하는 모든 일 하나하나에 이르기까지 파고든다면, 우리를 이른바 현명하게 만드는 데만 그치지 않는다면, 현존재의 수수께끼와 숭고한 과제에 대해서 가르치는 데만 그치지 않는다면, 아주 소소한 사항에 이르기까지 우리를 요령 있고 실용적인 사람으로 만든다면, 비로소 과제가 올바르게 파악된 것입니다. 이것이 한 가지 이유입니다. 다른 이유는 정신과학 혹은 인지학의 과제와 사명에 좁은 의미에서 연관되어 있는 것입니다.

3. 여기 이 자리에서도 자주 강조한 것이 있습니다. 정

신과학 혹은 인지학이 현존재의 가장 고차적인 문제, 삶의 비밀, 인간의 수수께끼에 관해서 말해야 하는 것, 정신과학 혹은 인지학을 통해서 형안적 의식의 관찰을 근거로 제시되는 것, 이 모든 것은 일단 제시되면, 편견에서 자유로운 건강한 인간 상식으로 이해할 수 있다는 것입니다. 제가 이것을 이 도시에서도 자주 이야기했습니다. 현존재의 법칙과 비밀은 영혼에 잠재하는 힘과 능력, 정신적인 눈, 정신적인 귀를 양성한 사람만 고차적 세계들 내부에서 연구하고 찾을 수 있습니다. 그런데 고차적 세계들 내부에서 연구된 것이 일단 이야기되면, 우리의 시대 문화나 다른 문화의 암시를 통해 흘러드는 편견이 방해하도록 두지 않는 사람은 누구나 그것을 이해할 수 있습니다. 인지학이 그렇게 이해될 수 있다면, 그것은 인생에서 어떤 위치에 있는지 무관하게 모든 사람을 위해 유용할 뿐 아니라 필수적입니다. 인지학이 비로소 인간을 이른바 진정한 인간으로 만듭니다. 인지학은 보편적, 인간적 자산입니다. 그리고 인지학은 아마도 다음과 같이 말하는 사람에게도 관심을 가질 수 있고, 반드시 관심을 가져야 합니다. "이 생에서는 내가 스스로 정신적 세계를 들여다볼 눈을 뜰 수도, 정신 연구가가 될 경지에 이를 수도 없다." 정신과학 혹은 인지학을 배우기 위해서라면 그렇게까지 될 필요가 전혀 없습니다. 그러나 특정 관점에서 보아 정신과학 혹은 인지학은 정신적 눈을, 정신적 인식 기관과 지각 기관을 열어 주는 준비 과정이기도 합니다. 그것은 정신적 세계로 인간을 고양시키는 것이 되어야 합니다.

4. 정신적 세계로 뚫고 올라가고자 하는 사람, 이른바 형안적 의식을 습득하고자 하는 사람, 그에게는 몽상적인 것이나 열광적 광신주의는 절대 올바른 근거가 될 수 없습니다. 그 사람을 위한 올바른 근거는 인생의 지반을 두 발로 확고하게 딛고 있는 것입니다. 비록 기괴하게 들리겠지만 열광적 공상, 몽상, 환상이 덜할수록 정신적 연구에는 더 낫다고 말할 수 있습니다. 정신 연구가가 가장 선호하는 제자는 광신적인 사람이나 유별나게 왕성한 상상력의 소유자가 아니라 삶의 지반을 확고하게 딛고 있는 사람입니다. 사리 분별이 있는 사람을 가장 선호합니다. 왜냐하면 열광이나 열정은 삶의 고귀한 사실들이 우리에게 작용하면 해당 사항 자체에서 생겨나기 때문입니다. 그러면 우리는 사실을 통해서 열정에 찬 시적 의향에 이르기까지 고

양됩니다. 바로 이것이 건강한 것입니다. 과열된 내면을 통해서 불러일으켜진 열광은 건강한 게 아닙니다.

5. 그런 까닭에 삶의 지반 위에 단단히 서 있는 실용적인 사고는 이른바 형안적 인식에 오르고자 추구하는 사람을 위한 훌륭한, 네, 최상의 전제 조건이 되기도 합니다. 사람이 형안적 관조의 차원으로 고양되어야 한다면, 사리 분별이 더 분명할수록, 더 실용적일수록 더 낫습니다.

6. 이 모든 것이 여러분에게, 한편으로는 정신과학이 그 결과 자체를 바탕으로 사고의 실천과 형성에 관해 어떤 것을 말해야 한다고 믿을 온갖 이유가 있다는 것을, 다른 한편으로는 바로 그 실용적인 사고에 많은 것을 더하는 데 깊은 관심이 있다는 것을 보여 줄 수 있습니다. 그런데 바로 그런 까닭에 정신과학이 주로 오늘날 생활의 실용가라 자칭하는 사람들과 상당히 쉽게 충돌할 수 있습니다. 그런 실용가는 정신과학에 관해 한두 마디 들은 후 곧바로 몽상으로 치부하거나 모든 실천에 모순되는 것이라고 말합니다. 그렇다면 자신의 생활 실천을 대단히 자랑스러워하고, 교만하게 구는 실용가, 자신의 생활 실천에 틀로 찍어 낸 듯 들어맞지 않는 것은 모두 거부하는 실용가

의 생활 실천은 과연 무엇입니까? 삶을 관찰할 능력이 있는 사람에게 그것은 익숙해진 방식을 절대 벗어나지 않고 기존의 궤도만 가도록 일찌감치 습관 들여진 것을 의미합니다. 그렇게 하지 않고 기존의 궤도를 벗어나려 하는 사람은 함께 일하고 싶은 영역에서 쫓겨날 위험에 처합니다. 이것이 어디에서나 되어 있는 그대로의 방식으로 계속 어영부영 꾸려 가는 보통의 생활 실천입니다.

7. 삶을 관찰할 수 있는 사람이 보기에 그런 실천은 근시안, 습관, 배타성과 특정 첨가물로 구성되어 있습니다. 이 첨가물이란 —영혼의 달인은 금세 알아챌 수 있는 것인데— 바로 폭력성입니다. 이것이 필요합니다. 이것이 있어야 독단적 생활 실천에 끼워 맞춰지지 않으려는 모든 것을 짓밟아 내릴 수 있을 테니 말입니다. 이와 관련해서도 아주 특이한 것에 이릅니다.

8. 예시를 통해 그것을 명확하게 만들 수 있습니다. 이미 이 자리에서도 그런 예를 몇 가지 이야기했습니다. 오늘은 보통의 생활 실천을 알아보기 위해 그런 예 중 하나를 우리 영혼 앞에 세워 보기로 합시다. 예전에는 편지를 보내려면 우체국에 가서 두터운 안내서를 펼쳐 들고 편지

가 도착해야 할 곳이 얼마나 멀리 있는지 찾아본 다음에 기본요금인 반 페니히보다 얼마를 더 지불해야 하는지 계산해야 했습니다. 그럴 필요가 없어진 오늘날 우편 제도를 누가 비실용적이라 생각하겠습니까? 아직도 그렇게 할 수밖에 없는 몇몇 지역을 보면, 이른바 '페니히 우편 요금'이라 불리는 것, 아주 먼 거리에도 적용되는 일률적 우표가 있다는 것이 얼마나 실용적인지 알아볼 수 있습니다. 그런 우표가 약 80년 전에만 해도 없었습니다. 1840년대까지도 편지를 부치려면 우체국에 가서 온갖 번거로운 절차를 거쳐야 했습니다. 그런데 이렇게 실용적인 우표를 고안한 사람은 우체국에서 일하는 실용가가 아니라 '실용적인' 생활 분야 출신이 아닌 힐이라는 영국인입니다. 이 사람이 '페니히 우편 요금'을 실시하면 어떤 장점이 있을지 먼저 설명했습니다. 이것은 동화 속의 이야기가 아닙니다. 여러분도 영국 의회 기록을 뒤져서 읽어 볼 수 있습니다. 이른바 실용가인 사람이 다음과 같이 말했습니다. "저는 힐이 예상하는 것을 믿지 않습니다. 왜냐하면 그런 제도가 있다고 해도 우편 왕래는 그가 계산한 만큼 증가하지 않을 것이기 때문입니다. 그리고 만에 하나 그렇게 된다고 가정한다면, 더욱더 그에 반대하지 않을 수 없습니다. 왜냐하면 우체국 건물을 현재보다 세 배 정도 증축해야 하기 때문입니다." 비실용가가 페니히 우편 요금이라 하는 획기적인 고안을 한 반면에 실용가는 이런 식이었습니다.

9. 실용적인 사고와 관련해 알아야 할 것을 상기할 필요가 있습니다. 독일 최초의 철도를 건설해야 했을 때 의대 교수진에 보건적 근거에서 철도를 건설해도 되는가 하는 실용적인 사항을 질문했습니다. 그 실용가 집단은 사람들의 신경 체계가 망가질 것이기 때문에 철도를 건설하면 안 된다는 의견을 냈습니다. ―그 시절까지는 많은 세대를 거슬러 올라가지 않아도 되니 이 기록도 찾아서 읽어 볼 수 있습니다― 실용가들이 그런 판단을 내렸습니다. 그럼에도 철도를 건설해야 하고 그런 것을 타고 다니는 사람들이 있다면, 기차가 지나갈 때 주변에 행인들이 뇌진탕을 일으키지 않도록 철도 양쪽에 반드시 높은 담을 쌓아야 한다고 건의했습니다.

10. 실천에서 나온 그런 종류의 판단이 또 있습니다. 체신부 장관 나글러가 포츠담에서 다음과 같이 말했습니다. "하루에 두 번씩 역마차를 내보내는데, 아무도 타지

않는다. 그런데 어떻게 사람이 기차 안에 앉아 있을 수 있을까?"

11. 바로 이런 것들이 실생활에서 나옵니다. 그런데 생활 실천에서 나오는 이런 견해는 진정으로 실용적인 사고와 충돌할 수 있습니다. 정말로 실용적으로 사고하는 사람은 고유한 사고의 본질을 한 번쯤은 좀 더 깊이 파고드는 수밖에 없습니다. 그리고 이와 관련해서 완전히 구체적인 것에서 출발해도 됩니다. 이제 상당히 비실용적인 사고에서 나온 것을 이야기하겠습니다. 제가 대학 시절에 비실용적인 사고에서 나온 것을 체험했습니다. 그런데 그 상내가 비실용적인 사고의 전형 중에서도 '차 안에서 차를 미는 사람'이라 부르고 싶은 지경에 있었습니다. 사고와 관련해 수많은 사람을 분류해 넣을 수 있는 그런 유형입니다.

12. 사고와 관련해 차 안에서 차를 미는 것이 무엇인지 여러분께 분명하게 보여 줄 수 있습니다. 대학 시절에 친구 한 명이 흥분해서 발그스레한 얼굴로 제게 와서 말했습니다. "내가 지금 막 기적 같은 것을 발명했어. 빨리 라딩어 교수한테 가서 ─그 사람은 우리 학과의 주임 교수입니다─ 내 발명을 보고해야 해. 정말 획기적인 것이야!" 말

릴 사이도 없이 주임 교수에게 달려간 친구가 이내 약간 의기소침해서 돌아왔습니다. 교수를 만나려면 한 시간 정도 기다려야 한다는 것이었습니다. 그런데 세상이 뒤집어질 정도로 획기적인 발명을 했는데 시간 낭비를 해서는 안 되지요! 그 자투리 시간에 저한테 그것에 관해 이야기하기 시작했습니다. 모든 사항이 예리하기 그지없었습니다. 대단히 조화롭게 맞물려 떨어지는 기계 구조를 설명했습니다. 그런데 기계가 최초에 소모하는 최소한의 증기력을 통해 수없이 다양한 전환 장치의 도움으로 마지막에 엄청난 양의 노동력이 획득된다는 것 외에 다른 결과에는 전혀 도달하지 못했습니다. 이야기를 다 들은 후에 제가 다음과 같이 말했습니다. "그래, 잘 봐라. 이것을 단순한 사고내용으로 바꾸면, 네가 기차 객실에 들어가서 힘껏 밀어 댈 때 생기는 중요한 문제와 똑같은 원리라고 말할 수 있어. 객실 안에서 밀어서 기차가 앞으로 나가는 게 진실이라면, 이 기계의 작동도 바로 그와 똑같은 진실이야." 그 친구도 곧바로 그것을 인정하고 주임 교수를 찾아가지 않았습니다.

13.　　사실은 많은 사람이 당시 그 친구가 한 것처럼 사고

합니다. 바로 그래서 그런 사람들을 '차 안에서 차를 밀어 대는 사람'이라 부를 수 있습니다. 그들은 한정된 영역을 보여 주는 일정한 관계 안에서 사고합니다. 그 너머는 보지 않습니다. 주제 내부에 있으면서 그 안에서 일이 어떻게 되어야 하는지 모든 것을 아주 예리하게 발견합니다. 그 외부에도 어떤 것이 있을 수밖에 없다는 것은 알아채지 못합니다. 실제로 사람들은 대부분의 경우 좁은 범위 안에서 움직인다는 것을 알아채지도, 알지도 못합니다. 무엇인가를 미는 것이 가능하려면 외부에서 저항을 찾아야 한다는 사실을 모르니 우물 바깥을 내다보는 것은 상상소차 하지 못합니다. 차 안에서, 즉 좁게 한정된 영역 내부에서 일을 처리하느라 바쁜 사람들은 안에서 차를 밀어 봤자 아무 소용없다고 생각하지 못합니다. 바깥에서 일어나는 것에 대해서는 알아볼 필요가 전혀 없다고 여깁니다. 다만 세상은 그렇게 밀어 대는 사람과 할 만한 게 별로 없습니다. 그런 사람은 안에서 밀어지는 차가 앞으로 나가지 않는 것과 똑같이 세상을 위한 진보를 이루지 못합니다. 그런데 대다수 사람이 이런 유형에 따라 자신의 사고 속에서 일을 처리하기 때문에 또한 진보하지 못합니다.

14.　　　중요한 것은 우리가 기차 바깥을 내다보는 식으로 사고를 형성하는 것입니다. 과학도 막상 들여다보면, 바로 그런 요소가, 즉 차 안에서 차를 밀어 대는 식의 사고가 굉장히 자주 발견됩니다. 왜냐하면 특정 분야를 다루는 사람이 ─이것이 오늘날 과학의 특성인데─ 가장 국한된 범위를 넘어서지 않는 게 보통이기 때문입니다. 제가 분명하게 만든 게 또 하나 있습니다. 칸트-라플라스 이론을 생각해 보십시오. 비록 오늘날에는 그것이 여기저기에서 더 이상 유지되지 않지만, 그럼에도 다수가 여전히 붙들고 늘어지는 이론입니다. 그런데 다른 이론도 나을 바가 없습니다. 칸트-라플라스 이론은 태초 안개를 가정합니다. 이 안개가 회전해서 환상環狀 궤도와 구형 천체들이 분리되어 나간다는 것을 학교에서 정말 그럴듯하게 보여 줍니다. 세계 구조의 생성을 소형으로 대단히 맵시 있게 보여 줍니다. 물 위에 뜨는 특정 성분으로 만든 커다란 방울을 물에 떨어뜨립니다. 마분지를 둥글게 잘라 그 방울에 삽입합니다. 이것이 말하자면 적도 역할을 합니다. 그다음에 긴 대바늘로 그 방울을 저어서 천천히 돌아가게 합니다. 그 큰 방울에서 작은 방울들이 떨어져 나가 돌아갑니다. 귀엽고 예

쁘장한 행성 구조가 생겨납니다. 가운데에는 태양이, 주변에는 행성들이 있습니다. 사람들은 행성 체계가 실제로 그런 식으로 생성될 수 있다는 것을 그보다 더 확실하게 보여 줄 수는 없다고 여깁니다. 그것이 소형으로 생겨나는 것을 보지 않습니까? 그야말로 일목요연한 증거입니다. 정말로 예쁘장합니다. 문제는 그것이 차 안에서 차를 미는 사람의 사고라는 것입니다. 실험을 하는 사람이 거기에서 저어 대는 장본인이 자신이라는 사실을 망각합니다. 자신이 젓지 않았다면, 그 예쁘장한 것이 생겨나지 않았으리라는 것을 간과합니다. 저 바깥 우주에서 태초 안개가 둘이기도록 저어 대는 거인이 있다는 것은 당연히 생각할 필요가 없겠지요. 그렇지 않습니까? 그런데 역학적으로 완수되는 것의 저변에 놓인 정신적 근거를 잊어서는 안 됩니다.

15. 이 모든 것이 우리의 사고가 사고 실천의 근거에 실제로 완전히 뿌리내리는 게 외부 생활을 위해, 그리고 과학 생활을 위해 얼마나 필수적인지 보여 줍니다. 이제 정신과학 자체가 우리에게 정말로 실용적인 의미에서 사고를 형성하고자 할 때 반드시 지켜야 할 세 가지 사항을 알려 줄 수 있습니다. 실제로 처음에는 이런 것이 사고 실천

으로 이끌어 갈 것처럼 보이지 않습니다. 그런데 자신에 그것을 적용하는 사람은 머지않아 사고가 명확하고 예리하고 포괄적으로 된다는 것을 경험합니다.

16. 　　실용적인 사고 형성의 세 단계를 곧 영혼 앞에 세워 볼 것입니다. 그런데 그 전에 사고에 대한 올바른 자세를 얻고자 생각하는 경우 의향으로써 필요한 기본 조건을 먼저 우리 눈앞에 세워 봐야 합니다. 제가 이미 이용한 그림이 있습니다. 물이 들어 있지 않은 컵에서 물을 덜어 낼 수 있다고 믿는 사람은 아무도 없습니다. 그런데 오늘날 사고에 대해 생각하는 사람들이 그런 유형으로 사고합니다. 사고내용이 전혀 들어 있지 않은 세계에서 그것을 얻을 수 있다고 생각합니다. 관건은 우리 영혼 속에서 빛을 발하는 사고내용과 개념과 표상이 어떤 것을 의미한다는 점, 그것들이 본질 없는 것이 아니라 세계는 우리가 그 내부에서 발견하는 사고내용에 따라 실제로 구축되어 있다는 점, 이 점을 인식하는 것입니다. 우리가 발견하는 사고내용에서 생겨난 세계만 사고내용을 통해 사고될 자격이 있습니다. 시계를 보면, 시계 장인의 사고내용이 그것에 들어 있다는 것을 쉽게 인정합니다. 세계에 관해 성찰하는 사람

만 세계가 사고내용에 따라 정렬되어 있으며, 나중에야 비로소 인간에 의해 사고된다는 것을 믿고 싶어 합니다. 그는 영혼이 스스로 형성하는 사고내용만 인정하고자 합니다. 그리고 인간이 최종적으로 형성하는 사고내용에 따라 사물이 형성된다는 것은 믿고 싶어 하지 않습니다. 아리스토텔레스는 다음과 같은 말을 남겼습니다. "인간이 최종적으로 사물에서 발견하는 것은 최초에 그 안에 넣어졌다." 이는 인간이 최종적으로 사고내용을 발견한다면, 최초에 사고내용이 사물에 넣어졌기 때문에 발견한다는 의미입니다. 이 말을 진지하게 받아들인다면, 무엇보다 '실제와 동맹을 맺고자 하는 사고에 대한 신뢰'라 부를 수 있는 것을 얻습니다. 물질주의적 사고가 믿듯이 이 머릿속에서만 사고되는 게 아니라 내게 다가오는 모든 것이 사고되었다는 사실을 알고 있다면, 그러면 사물 속에 사고내용을 바라보려 할 것이며, 사고해야 하는 경우에 사물에 매달리고자 할 것입니다.

17. 괴테 시대의 심리학자인 하인로트는 바로 괴테의 사고를 대상물적 사고라 명명했습니다. 괴테는 타고난 성향을 통해서 사고와 더불어 사물에 매달리고자 하는 목적

을 가지고, 그러니까 추상적으로 사고하지 않고 사물 속에서 사고하기 위한 목적을 가지고 그 생에 태어났기 때문에 하인로트가 괴테의 사고를 대상물 속에 있는 것만 사고하는 사고, 정말로 대상물 속에 흘러들 수 있는 것만 사고하는 사고라 부른 것입니다. 괴테 자신도 그것이 믿을 수 없을 정도로 정확한 표현이라고 여겼습니다. 우리가 좀 더 자세히 들여다볼 텐데, 정말로 괴테는 사물 속에서 사고하는 소질이 있어서 그의 사고는 사물에서 분리되지 않고 사물의 구조 속에 가라앉습니다.

18. 그런 소질을 타고나지 않아서 사고 속에 살아 있는 실용적, 대상물적 사고를 차츰차츰 습득해야 하는 사람은 반드시 세 가지 사항을 유념해야 합니다. 실용적으로 사고하고자 한다면, 첫 번째는 인간으로서 우리가 주변의 대상과 사실에 대해 특정 관계에 있어야 한다는 것입니다. 이 관계는 다음과 같이 표현할 수 있습니다. "삶에서 만나는 대상과 사실에 대해 관심을 가지도록 가능한 한 많이 노력한다." 외부 세계에 대한 관심, 이것이 실용적인 사고에 도달하기 위한 첫 번째 마법적 수단입니다. 두 번째는 우리 자신의 손놀림, 우리 자신의 활동이 사랑과 즐거움으

로 가득해야 한다는 것입니다. 세 번째는 우리가 독자적으로 사고할 때, 그러니까 외부 생활을 극복하고 내면에 우리의 사고내용을 만들 때 특히 충족감이 생겨나야 한다는 것입니다. 실제로 이것이 모든 실용적 사고의 마법적 수단이며, 세 가지 단계입니다. 주변 세계에 대한 관심, 모든 일에 대한 즐거움과 사랑, 그리고 보통 말하는 성찰에 대한 충족감, 즉 사물에서 분리되어 혼자 조용히 하는 사고에 대한 내적 충족감. 이 세 가지가 정말로 반드시 있어야 합니다.

19. 네, 그런데 사물에 대한 관심이란 과연 무엇입니까? 사물에 대한 관심이란 습관적인 방식으로, 선입견으로 사물에 다가서는 자세를 완전히 배제한다는 것입니다. 매 순간 사물을 개별적인 것으로 받아들이고, 사물이 언제나 우리에게 어떤 것을 말하고자 한다고 생각하는 것 외에 다른 것이 전혀 아닙니다. 이로써 별로 말한 게 없는 것처럼 보이겠지만, 생활 실천을 고려하면 엄청나게 많은 것을 말한 것입니다. 대부분의 사람은 틀에 박힌 자신의 개념으로 주변의 사물과 사람들을 대합니다. 예를 들어서 누군가를 만난다고 합시다. 그러면 그 사람 자체를 보지 않습

니다. 건성건성 피상적으로 지나친 다음에 틀에 박힌 습관적 개념에 들어맞으면, 그것으로 끝냅니다. 이런 자세는 절대 사고 실천으로 이끌어 가지 않습니다. 이 주제와 관련해서는 제가 이해받기가 대단히 어렵습니다. 얼마 전에도 이 주제로 강의했는데, 나중에 청중 한 명이 다음과 같이 말하는 것이었습니다. "네, 목덜미가 굵고 불그스레한 사람, 어쨌든 몸이 뚱뚱한 사람을 저는 언제나 물질주의자라고 생각합니다. 그 사람의 외양이 그 사실을 '말해 줍니다.'" 그 사람은 제가 이야기한 것을 모두 들었습니다. 그런데 아무것도 이해하지 못했습니다. 그 사람은 독단적으로 형성한 개념으로 목이 굵고 불그스레한 사람, 여하간에 상당히 뚱뚱한 사람을 물질주의자라고 평가합니다. 개별적인 존재를 긍정하고, 그것이 어떤 것을 말해 줄 수 있다고, 그 자체에 정신적-개념적인 것이 들어 있다고, 그것에 긍정적으로 관여해야 한다고, 개별적인 모든 것이 어떤 것을 말해 줄 수 있다고는 생각하지 않습니다.

20. 일단 이것이 있습니다. 그런데 관건은 개별적인 것을 위해서만 아니라 사실이 흘러가는 과정 자체를 위해서도 그런 양식의 관심을 일구어야 한다는 것입니다. 이에는 특

별한 연습으로 상당한 진보를 이룰 수 있습니다. 여러분이 완전히 특정한 사건을, 특정 사실을 마주 대한다고 가정해 보십시오. 그 사실을 관찰합니다. 예를 들어서 어떤 사람이 이러저러한 일을 합니다. 그것을 충실하게 파악합니다. 그리고 다음과 같은 사고내용을 만들어 봅니다. "그 일이 오늘 일어났다. 그렇게 오늘 일어난 것의 전제 조건으로서 어제 일어났을 법한 것에 대한 표상을 그 사실에 따라서 만들어 보겠다. 오늘의 사건 이전에 일어난 것을 개념으로 구성하고자 한다. 그러니까 개념을 통해 과거로 사실을 연장해 보겠다는 말이다." 그다음에 실세로 무슨 일이 있었는지 조사합니다. 대부분 처음에는 생각한 것이 틀렸다는 결과가 나올 것입니다. 하지만 그런 연습을 꾸준히 하다 보면, 과거의 특정 시점에 이르기까지 사건의 원인을 구성할 수 있다는 사실을 차츰차츰 알아보게 됩니다.

21. 그런데 이런 연습을 다음과 같이 거꾸로도 할 수 있습니다. 자연 현상이나 인간 생활 중에 오늘 일어난 어떤 사건을 검사합니다. 이제 그 사건의 결과로써 내일 일어날 것을 생각으로 구성해 봅니다. 조용히 기다린 다음에 실

제로 일어난 것과 스스로 생각한 것을 비교합니다. 이때도 처음에는 잘 들어맞지 않을 것입니다. 그런데 다음과 같이 신뢰하며 실제의 사실에 충실하게 매달리면 더 진보하게 됩니다. "사실에 푹 잠겨 들고, 실재 속에서 생성될 수밖에 없는 것이 너의 사고내용 속에 생성되도록 하라. 사건에 매달리고, 사고내용 자체가 사실과 같은 과정을 거치도록 너 자신에 요구하라."

22. 실용적인 사고와 관련해 이렇게 행할 수 있는 연습은 상상할 수 없을 정도로 효과가 있습니다. 그런데 연습하면서 유의해야 할 사항이 있습니다. 이런 연습은 특정한 양식에서 사욕이 없이 실천되어야 한다는 것입니다. 그렇지 않으면 효과가 없습니다. 이것은 경험입니다. 이러저러한 것이 일어날 것이라 상상하고, 실제로 그렇게 되면 "바로 그것을 내가 예상하지 않았겠어?" 하는 식으로 표현되는 이기심이 섞여 드는 순간에 연습은 더 이상 아무 효과가 없습니다. 이런 종류의 이기적 희열 속에 우리가 양성하고자 하는 힘이 실제로 작용하지 못하게 방해하는 요소가 들어 있습니다. 이것은 이런 연습을 실천하는 사람 누구나 경험할 수 있는 사실입니다. 이런 것은 화학적

분석과 합성의 결과와 똑같이 특정한 법칙의 지배를 받습니다.

23.   이로써 우리는 어떻게 인간이 말하자면 사물 속에 기어들어 갈 수 있는지, 사고 속에서 사실과 자신을 동일시할 수 있는지 보았습니다. 그렇게 되면 우리가 사고하는 것이 사실의 의미에서 진행됩니다. 오늘은 제가 성인을 위해서 ―아동을 위한 것은 이 강의 범위를 넘어섭니다― 다음 사항을 덧붙이겠습니다. 외부 세계에 결합된 진정한 사고를 발달시키고 싶다면, 그러니까 외부 세계에서 일어나는 것에 사고가 부합되도록 하려면, 한 가지 사건에 다른 사건을 병렬하는 방식으로 연습하는 게 아니라 한 가지 사건의 무게를 위한 느낌을 얻도록 반드시 유의해야 합니다. 이것은 사고의 실용적인 형성과 관계하지만 오늘날에는 거의 아무도 모르는 사실입니다. 관찰을 하는 사람은 알아봅니다. 한 가지 사실에 대해 이 사람이 말할 때와 저 사람이 말할 때 차이가 있다는 것에 대한 느낌이 요즘 사람들한테 얼마나 없는지. 두 사람이 같은 것을 말할 수 있습니다. 그런데 그중 한 사람의 말이 우리에게 설명한 내용을 통해서 다른 사람이 설명한 내용에 비

해 다른 무게가 있습니다. 우리가 도달하는 것의 무게에 대한 특정 느낌, 바로 이것을 반드시 가장 먼저 습득해야 합니다.

24. 괴테가 그런 소질을 선천적으로 타고난 사람입니다. 그는 예전의 지상 인생에서 그것을 양성했습니다. 그런 까닭에 괴테는 오늘날 실용적이라고 자처하는 다수와 —사실을 분간할 줄 아는 사람에게는 분명한데— 완전히 다른 사람이 되었습니다. 괴테는 법학자가 되었고, 실질적인 법률 활동도 직업으로 했습니다. 괴테의 법률상 활동에 관해 잘 아는 사람은 사실 그의 법률 지식이 대단히 포괄적이진 않았지만 법률적으로 행한 것, 그 활동을 특징짓는 것은 오늘날 관찰할 수 있는 것에 반대된다는 사실을 알아봅니다. 변호사에게 사건을 맡기고 소송을 진행합니다. 그에 관해 어떤 것을 좀 알아보려고 그 변호사를 찾아갑니다. 네, 그곳에 가면 제대로 된 생각이 하나도 없습니다. 사람이 그 속에 박혀 있지를 않습니다. 조서 더미를 풀어 봅니다. 쪽지들을 들여다봅니다. 변호사 사무실에 가면, 가장 비실용적인 것을 만나게 됩니다. 그 분야의 실용가라 믿고 사건을 의뢰하지만, 대부분의 변호사들은 일을 될 수 있

는 한 비실용적으로 만드는 사람들입니다. 괴테는 실용적이었습니다. 법률에 관해 많은 것을 알고 있는 편은 아니었지만, 일단 떠맡은 사건은 실용적인 방식으로 처리했습니다. 괴테 같은 사람을 보면서 비실용적일 수밖에 없는 사람을 떠올려서는 안 됩니다. 바이마르 시절에 장관으로서 작성한 공문서가 공개된다면, 괴테가 실용적인 사람이었다는 것이 드러날 것입니다.

25. 괴테의 경우 언급해야 할 게 또 있습니다. 괴테가 공작을 수행해 아폴다에 가서 신병 모집과 관련하는 모든 실질적인 업무를 보았다는 것은 널리 알려진 사실입니다. 그리고 이미 아폴다에서 작업하고 있던 『이피게니에』를 그 업무가 다 끝났을 때 완성했습니다. 찬란한 영감을 적어 내리는 일 외에도 신병 모집 업무를 봐야 한다면, 우리 시대 시인 중에 얼마나 많은 수가 그런 상황에 전혀 개의치 않을까요? 괴테가 징병 업무를 보면서 집필했다고 해도 『이피게니에』는 오늘날 시인들의 많은 작품보다 못하다는 생각이 들지 않습니다. 그런데 그렇게 할 수 있었던 것은 괴테가 사고내용에 있어 대상적이라 사고내용을 사물에서 벗겨 내지 않고, 달리 말해 추측하지 않고, 대상 속

에서 작업했기 때문입니다.

26. 이것은 괴테가 자신의 사고 과정과 외부 사물의 과정 사이 관계를 탁월한 방식으로 제시할 수 있었던 경우에 드러납니다. 괴테는 일기 상태를 연구했습니다. 오늘날 기상학자는 괴테의 날씨 연구가 어설프다 하며 깔봅니다. 그런데 괴테의 경우 요점은 실용적인 시선의 움직임이었습니다. 일단 어떤 것을 조망한 후에는 한 가지 사건에서 그다음에 일어날 것을 감지하는 시선의 움직임. 괴테가 창가에 서서 하늘 한 부분을 바라본 후에 세 시간 안에 비가 내릴 것이라고 말합니다. 정말로 세 시간 안에 비가 내립니다. 이런 경우가 자주 벌어졌습니다. 오늘날의 웬만한 일기 예보보다 더 낫습니다. 괴테는 자신의 사고내용과 더불어 사물 안에서 움직였습니다. 주로 주변 환경에 대한 관심을 통해서 인위적으로 사고 실천의 이 단계를 습득할 수 있습니다.

27. 두 번째로 중요한 것은 우리가 하는 일에 대한 사랑과 즐거움입니다. 이는 결과가 어떻게 될지 전혀 신경 쓰지 않고 어떤 것을 취급하는 그 자체를, 그 손놀림을 좋아하고 즐거워해야 한다는 것을 의미합니다. 그러면 제대로 되

지 않아서 아무 성과도 없는 것도 좋은 결과를 내는 것과 똑같이 기꺼이 하게 됩니다. 이것은 실용적인 사고를 위한 진정한 조건입니다. 저는 교과서를 스스로 제본하는 것으로 실용적인 사고를 연습하는 젊은이를 본 적이 있습니다. 그 젊은이는 책을 제본할 때의 그 모든 다양한 손놀림에서 커다란 즐거움을 느꼈습니다. 사고의 실용적인 형성을 위해서는 그런 것이 온갖 잡생각과 추측성 생각에 비해 더 나은 훈련입니다. 꿰어 고정하는 실날 하나하나가 제대로 작용하는지 확인하고, 손가락이 어떻게 움직이는지 항상 주의해야 하는 그 불가피성, 이것이 실용적인 사고를 위해 진정으로 훌륭한 전초 훈련입니다. 그리고 헛된 시도를 더 많이 할수록 실용적인 사고를 위해서는 더 낫습니다. 레오나르도 다빈치처럼 이론과 실천의 영역에서 탁월한 사람들도 이 점을 강조합니다. 그런 사람들은 절대 지치지 않고 개별적인 것을 상세히 설명할 것입니다. 레오나르도 다빈치는 어떤 식으로 도안 모사를 해야 하는지 다음과 같이 이야기합니다. 먼저 투사 용지에 도안을 베낍니다. 그다음에 그 그림을 도안 위에 얹어서 어디가 틀렸는지 마음에 새깁니다. 틀린 것에 특히 주의하면서 다시 한번 그립니다.

이 단순한 일이 레오나르도 다빈치에게는 결코 사소한 게 아니었기 때문에 작업의 한 부분을 그런 일로 채웠습니다. 사고를 실용적으로 형성하기 위해 가능한 한 모든 생활 영역에서 그의 제안을 따를 수 있습니다.

28. 세 번째는 분리해 낸 사고에서 내적 충족감을 느끼는 것입니다. 사실 이것은 어떤 생활 분야에 있든 누구나 느낄 수 있어야 합니다. 그렇게 하는 데 아주 적은 시간만 쓴다 해도, 심지어는 물질적인 관계에서도 풍족하게 다시 돌아옵니다. 사람이 어떤 생활 분야에 있든, 늘 다루는 것이 아니라 낯선 분야의 이러저러한 문제에 관해 잠시라도 숙고할 상황에 있어야 합니다. 사고가 외부 세계로 흘러 나가는 것을 요구하지 않는 방식으로 사고하는 그런 숙고의 몇 분, 이 시간이 내적 충족감을 줍니다. 생활에서 실용적인 사항과 직접 관계하는 것에 가까운 문제를 생각하고 해결하는 것으로는 인간으로서 더 나아가지 못합니다. 자신의 사고내용으로 실행하는 것에서 우선은 내적 충족감만 느끼는 것, 이것과 더불어 인간으로서 더 나아갈 수 있습니다. 탁자와 의자 제작에 대해서만 생각하는 가구장이는 인간으로서 더 나아가지 못합니다. 내적으로 충족시키

는 것을 사고할 때 인간으로서 진보합니다. 그것이 사고 기관을 형성합니다. 이것에서 인간으로서, 그리고 간접적으로는 실용적인 사람으로서도 더 나아갑니다. 사람이 어떤 존재인지에 따라 삶을 다르게 대한다는 것은 누구도 부인하지 않을 것입니다. 시스티나 성당의 성모화 앞에 개가 한 마리 서 있는지, 아니면 인간이 서 있는지, 이것에는 커다란 차이가 있습니다. 인간은 그에 대해 완전히 다른 관계에 있습니다. 인간이 언제나 특정 영역 내부에만 머물면, 자신을 넘어서지 못합니다. 사고적인 활동을 하고 그것에서 충족감을 얻으면, 그로써 더 나아가게 됩니다. 분리해 낸 성찰, 충족감을 얻는 성찰을 통해서 그것이 없는 경우와는 다르게 실무를 처리합니다. 그리고 그렇게 함으로써 협소한 영역을 벗어나 성장합니다. 내적으로 충족시키는 사고, 내적인 충족을 보장하고 찾는 것 이상이 아닌 사고와 더불어 차 안에서 차를 미는 사람의 입장을 벗어나 더 성장합니다.

29. 또한 바로 여기에 오늘날 학교에 관해 사람들이 "그렇게 실생활에 적용할 수 없는 것들을 가르치다니!" 하고 반복해서 강조하는 게 왜 옳지 않은지 그 이유가 있습니

다. 직접 적용할 수 없는 것은 제대로 배우기만 한다면 엄청난 의미가 있습니다. 인간을 변형시키는 것은 다름 아니라 바로 생활에 직접 적용할 수 없는 것들입니다. 생활로 흘러 나가는 것은 인간 자체에 별로 흘러들지 않습니다. 생활로 흘러 나가지 않는 것이 섬세한 기관을 형성합니다. 그것이 인간을 더 나아가도록 만듭니다. 그것을 통해서 인간이 독자적이 되고, 그로써 곰삭은 사고내용의 힘이 인간을 관통해 사지까지 내려갑니다. 내적으로 충족시키는 사고, 외부 세계에 직접 연관되지 않은 사고를 발달시키는 인간의 경우 사지가 유연하게 되고 요령이 생긴다는 것을 볼 수 있습니다.

30. 아무것도 그런 사고 수련을 대체할 수 없습니다. 이런 것에 경험이 있는 사람은 설명한 연습을 하는 사람과 하지 않는 사람을 정확하게 구분할 수 있습니다. 예를 들어서 여행 중에 '실용가'를 분명하게 알아볼 수 있습니다. 작업장에서 대단히 실용적인 사람이 다른 곳에서 상당히 서투르게 처신하는 경우가 드물지 않습니다. 평소와 다른 상황이 되면 아주 단순한 손가락의 움직임도 제대로 하지 못하는 사람을 볼 때 참으로 기이한 느낌이 듭니다. 바로

그런 것이 그 '실용가'가 평소에 내적인 사고내용을 발달시키면서 내적인 충족감을 느끼는 습관을 들이지 않은 직접적 결과입니다. 이런 것만 하고 다른 일을 하지 말라는 의미는 물론 아닙니다. 오로지 성찰만 하면서 살려는 사람은 삶을 적대시하는 사람이나 이론가가 됩니다. 그러나 그 두 가지를 조화롭게 저울질하는 사람, 사물을 조용히 바라보고 성찰할 수 있는 사람은 능숙함이라 표현할 수 있는 것으로 삶 전체를 강화합니다. 모든 것에 능숙해집니다. 숟가락 하나도 조용히 성찰하지 않는 사람과는 다르게 잡습니다. 그것이 생활의 소소한 부분까지 파고듭니다. 왜냐하면 사고내용은 실재이기 때문입니다. 사고내용은 온갖 가능한 길을 통해 물질적인 것에 관여합니다. 바로 이것이 요점입니다. 우리는 이런 방식으로 사고를 수련해 올바른 실천으로 만듭니다. 그러면 그저 차 안에서 밀어 대지만 않고 우리가 앉아 있는 차에서 창밖을 내다보며 차가 세계와 관계하기 때문에 주어지는 법칙을 알아봅니다. 오늘날에는 차 안에서 차를 밀어 대는 식이 만연합니다. 진정으로 실용적인 사고 수련에 관여하는 사람은 아주 긴밀하고 집중적으로 자연 과학의 영향을 받는 오늘날 시대 문화에서 얼마나 많은 것이 사고의 비실천에 의존하는지 알아봅니다.

31. 실용적인 사고가 무엇인지 사람들이 짐작이라도 한다면, 특정한 것들이 오류일 수밖에 없다는 것을 이미 사고의 비실용성에서 알아볼 것입니다. 자연 과학이 연구한 사실들은 경탄할 만합니다. 그런데 그것에서 추론한 것은 대부분 그 비실용적인 사고로 인해 소름이 끼칩니다. 영혼 같은 것은 없으며, 인간이 실행하는 모든 것은 순수하게 역학적인 법칙에 기인한다는 것을 오늘날 어떤 식으로 증명합니까? 네, 대단히 명망 높은 인물이 집필한 심리학 개요의 첫 장에 아주 기이한 결론이 실려 있습니다. 개념과 실용적인 사고에 관해 눈곱만큼이라도 알고 있는 사람은 그것을 즉시 진정한 가치로 되돌릴 수 있을 것입니다. 그 책에 다음과 같이 쓰여 있습니다. "옛 시대 사람들은 독자적인 영혼이 있을 것이라고 말했다. 하지만 오늘날에는 힘의 보존이라는 그물에 인간도 얽혀 있다. 우선 동물을 대상으로 실험했다. 동물에게 먹이로 주는 모든 것은 그저 변화될 뿐이고, 동물이 행하는 것은 변화된 먹이라는 결론이 나왔다. 동물이 힘으로 얻는 것은 변화된 먹이일 뿐

이다. 먹이로 준 것이 단지 변화되어서 나올 뿐이라면, 거기에 어떻게 독자적인 영혼이 있을 수 있겠는가? 동물을 대상으로 이 사실을 보여 주는 데 그치지 않았다. 양분의 열량 가치로 공급하는 것이 어떻게 다른 형태로 나오는지 보여 주기 위해 인간을 대상으로 실험했다. 그렇게 하는 데 영혼이 무슨 필요가 있는가?" 학생들을 대상으로 그런 것을 실험했습니다. 그 과정에 영혼은 있을 수 없으며, 인간이 사고하고 행하는 모든 것은 변화된 양분의 힘이라는 것을 증명하기 위해 대단히 예리하게 계산했습니다. 놀랄 만큼 날카롭게 사실을 관찰했습니다. 매우 훌륭한 방법을 생각해 냈고, 실험 기구 또한 대단합니다. 그런데 결론은 생각할 수 있는 것 중에서도 가장 끔찍한 종류입니다. 이는 그 사고내용을 가장 단순한 것으로 되돌려 보기만 하면 금세 알아볼 수 있는 사실입니다.

32. 그 사고내용은 정확하게 다음과 같은 모형에 따라 구축되었습니다. 우리가 어떤 은행에 있다고 가정합시다. 우리는 사람들이 그 은행에 돈을 예치한다는 것을 알고 있습니다. 이제 그 모든 돈을 확인하고 빠짐없이 기록합니다. 그리고 은행에서 지불되는 돈도 확인합니다. 그러면

입금과 출금의 양이 똑같다는 경이로운 결과가 나옵니다. 앞에서 예로 든 판단도 이와 똑같이 예리한 종류입니다. 인간 내부에 공급한 양분 가치와 똑같은 양의 노동과 사고력이 나온다고 합니다.

33. 그런데 이런 것이 훨씬 더 미묘한 영역에 침투합니다. 오늘날에는 존재의 기관을 극히 미세한 부분까지 파고드는 경이로운 연구 영역이 있습니다. 거기에서 매우 의미심장한 작은 기관을 발견합니다. 인간의 영혼 기관을 모방하는 어떤 것이 식물에 있다는 것을 증명하는 그 연구 방법은 참으로 경탄할 만합니다. 다면체로 된 기관이 있고, 그것이 눈을 형성한다는 것을 증명합니다. 네, 심지어는 식물의 눈 속에 생성되는 그림을 사진으로 찍기까지 합니다. 이에서 결론짓기를, —물론 경이로운 연구 방법을 비방할 필요는 없습니다. 다만 그 결론은 제대로 조명되어야 합니다— 그런 기관이 관찰되니 식물도 인간과 동물의 경우와 비슷한 방식으로 영혼이 있을 것이라고 합니다. 특정 기관을 통해 곤충을 잡아먹는 식물이 있습니다. 그런 식물에 특정한 먹이 활동, 감각 활동이 있습니다. 곤충을 잡아먹고 소화합니다. 그런 것을 보고 내리는 결론은 식물과

동물과 인간 사이에 지워져서는 안 되는 차이를 지우는 데 특히 안성맞춤입니다. 실용적인 사고에 익숙한 사람은 다음과 같이 말할 수 있습니다. "나도 이상한 존재 하나를 알고 있다. 그것은 특정한 내부 구조를 통해 자석처럼 작은 존재를 끌어당기는 성격이 있다. 작은 존재가 다가오면 안으로 끌어들이는 데에만 그치지 않고 심지어 죽이기까지 한다." 그것은 쥐덫입니다. 쥐덫에 적용한 사고 형태는 많은 사람이 식물의 새로운 영역을 개척하는 것에, 식물의 영혼생활에 적용하는 사고 형태와 같은 모형에 따라 형성되었습니다.

34. 이런 것을 주시하면, 여기에서 제시한 방법으로 사고를 실용적으로 수련하는 게 얼마나 중요한지 조금은 짐작할 수 있습니다. 다음과 같은 연습을 통해서 사고의 신중성을 수련할 뿐 아니라 명료성도 일정 정도까지 이를 수 있습니다. 이 연습 또한 평상시의 사고 습관을 벗어납니다.

35. 어떤 일이 있으면 대부분의 사람은 얼른 그에 대한 판단을 형성하지 못해서 안달입니다. 그리고 판단을 내리고 나면, 그것으로 만족해합니다. 사실이 다르게 될 수 있

다고는 생각하지 않습니다. 다른 것을 말하는 사람이 있으면, 바보 취급합니다. 이런 식으로는 사고하기를 배우지 못합니다. 한 가지 의견을 형성할 때 다른 사고 가능성도 고려하고, 자기 생각에만 집착하지 않고 다른 의견도 정성을 다해 나란히 세움으로써 배웁니다. 이렇게 할 수 있다는 것을 보게 될 것입니다. 그 특성을 다음과 같이 설명할 수도 있습니다. "자신의 의견을 의문시할 수 있는 사람만 진실을 알아볼 수 있다." 어떤 질문에 답해야 할 때, 어떤 과제를 풀어야 할 때, 어떻게 풀어야 할지 여러 가지 방법을 생각해 본 다음에 문제를 그냥 버려두는 게 우선은 대단히 유용합니다. 이제 그것을 조용히 버려두겠다고 말합니다. 이렇게 하려면 실천을 위해 굉장히 중요한 믿음이 여하간에 있어야 합니다. 자기 내면에 어떤 것이 있다는 믿음, 자신이 직접 관여할 때보다 훨씬 더 낫게 생각할 수 있는 일종의 고차적 인간이 있다는 믿음. 자신이 최상으로 알고 있다고 여기며 영혼 속에서 일어나는 모든 것에 언제나 관여하는 식으로 이기적이지 않아야 합니다. 사고의 실재적 정당성을 믿고, 그것을 신뢰하는 사람은 다음과 같이 말합니다. "내가 관여하지 않으면, 나를 완전히 배제하고 다른 것을 하다가 내일이나 모레 다시 모든 것을 들여다 보면, 내 사고내용이 그 자체의 힘을 통해 사실에 따라 가장 훌륭하게 나아갈 것이다." 이렇게 하면 자신이 일 자체에 들어 있지 않을 때 그에 관해 훨씬 더 현명해진다는 것을 볼 수 있습니다. 사고 가능성이 인간 내면에서 일을 합니다. 그래서 훨씬 더 유리한 입장에서 결정하게 됩니다. 이는 대단한 의미가 있습니다. 두 번째 시도에서도 무옥이 아직 결정에 이르게 하지 않았다는 생각이라면, 다시 한 번 기다리는 게 엄청난 교육적 의미가 있습니다. 머지않아 사고가 더 명확하고 결단력이 생긴다는 것을 알아봅니다. 그렇게 사고를 수련하면, 훨씬 쉽고 빠르게 사물과 연결해서 사고할 수 있습니다.

36. 차츰차츰 사고를 수련하는 방법을 이렇게 개별적으로 제시할 수 있습니다. 커다란 의미가 있는 또 다른 것은 실용적인 사고를 형성하기 위해 다음 사항을 유념하는 것입니다. "어떤 것에 흥미가 있는 한 바라보고, 관찰하고 침묵한다. 그것에 직접적인 관심이 없을 때, 자신의 관심을 극복한 다음에 비로소 그에 관해 말해야 한다." 어떤 것에 흥미를 느끼고 깊이 개입하는 한 그 점을 고려하고 침묵

해야 합니다. 직접적인 관심이 더 이상 없다면, 호불호에서 완전히 벗어나면, 그제야 그에 관해 최상으로 말할 수 있습니다. 그렇게 할 수 있는 사람은 대단한 진보를 이룰 수 있습니다. 관심이 사라진 후에 비로소 판단을 형성하겠다고 작정한 사람, 모든 것에 관심을 가질 수 있고 판단을 유보할 수 있는 사람, 기억으로 비로소 판단을 형성하는 사람, 그는 대단히 진보합니다. 이것이 실용적인 사고를 본질적으로 수련할 수 있는 중요한 지침입니다.

37. 그런데 특히 중요한 것이 또 있습니다. 사고가 양성되는 양식에 인간이 현재 되어 있는 그대로의 존재로는 전혀 함께하지 않는다는 것입니다. 자신을 실용적으로 수련하고자 하는 사람을 위해 매우 중요한 것은 하루에 일정 시간 동안 전혀 사고하지 않도록 노력하는 것입니다. 왜냐하면 사고는 우리 자신의 사고를 통해서 가능한 한 적게 손상당할 때 최상으로 수련되기 때문입니다. 우리가 모든 생각을 자제할 수 있다면, 우리가 만들어 낼 수 있는 사고내용을 전혀 만들어 내지 않을 능력이 된다면, 아무것도 사고하지 않는다면, 그러면 영혼 속에 항상 있는 내적인 힘이 작용해서 실제로 우리를 앞으로 조금 이끌어 갑

니다. 그렇게 하기란 매우 어렵습니다. 그렇게 하려면 굉장히 큰 힘을 들여야 합니다. 그럼에도 내면에서 오락가락하는 모든 생각을 억제하고 전혀 사고하지 않는 것은 엄청난 가치가 있습니다. 우리 내면에서 사고하는 것은 우리 스스로 사고하지 않아도 거기에 있습니다. 그것은 우리가 잠깐 거기에 없을 때 최상으로 수련됩니다. 왜냐하면 그렇게 할 때 우리의 개인성을 통해, 우리의 개체성을 통해 방해하지 않기 때문입니다. 여러 가지 가능성을 앞에 두고 사고내용 자체가 일을 하도록 버려두는 게 이미 큰일입니다. 그와 똑같이 우리가 없이 사고내용의 힘이 일을 하도록 두는 것, 비록 한순간이라 해도 우리 내면에서 사고하는 존재가 우리의 관여 없이 발달하도록 두는 것은 본질적인 의미가 있습니다. 긴 세월에 걸쳐 실천하는 사람은 이런 연습이 대단히 유익하다는 것을 알아봅니다.

38. 완전히 다른 주제에 관해 피히테가 한 말이 옳습니다. 여러분도 알다시피 피히테는 '학자의 사명'에 관해 강의했습니다. 피히테는 아주 높은 이상을 제시하는 수밖에 없었고, 사람들이 그것을 비실용적으로 여기기 때문에 따르지 않으리라는 것을 이미 알고 있었습니다. 그에 관해 다

음과 같이 말합니다. "이상이 현실의 세계에 드러나지 않는다는 것은 우리도 그들만큼, 아니, 아마도 그들보다 더 잘 알고 있다. 우리는 실재가 이상에 따라 판단될 수밖에 없으며, 그렇게 할 힘을 내적으로 느끼는 사람들에 의해 수정될 수밖에 없다는 것을 주장할 뿐이다. 그들 스스로 이 점을 확신하지 못한다면, 현재 일단 되어 있는 그대로의 상태에 따라서는 잃는 것이 거의 없다. 그리고 인류 또한 그 상태에서 잃는 게 전혀 없다. 단, 이로써 분명해지는 것은 인류 정화를 위한 계획에 그들은 고려되지 않는다는 것이다. 인류는 의심할 여지없이 인류의 길을 계속 갈 것이다. 이상을 확신하지 못하는 사람들에게 은혜로운 자연이 보살피며 제때에 비와 햇빛을, 건강한 양식과 막힘 없는 체액의 흐름을, 그와 더불어 영리한 사고내용도 내려 주기를!"[01] 피히테는 이상의 비실천성을 언급하는 사람들에 대해 이렇게 말했습니다. 그런데 인간의 사고와 관련해서도 은혜로운 섭리가 그 몫을 합니다. 사고내용의 힘 중에

---

01 요한 고틀리프 피히테Johann Gottlieb Fichte(1762~1814), 『학자의 사명에 관한 강의Einige Vorlesungen über die Bestimmung des Gelehrten』 1794

인간이 파괴하는 많은 것을 위한 보완이 잠을 통해서 이루어집니다. 언제나 깨어 있으면서 자신의 사고내용으로 사고력을 손상시키는 것은 인간이라면 아무도 견디지 못할 것입니다. 인간이 잠을 잔다는 것, 이것이 항상 다시금 내적 사고력에 다가설 가능성을 줍니다. 그러나 인간 스스로 깨어 있을 때에도 사고하지 않도록 작정하면, 사고가 훨씬 더 본질적으로 촉진됩니다. 사고하지 않는 그 순간이 사고를 위한 최대의 교육 수단입니다.

39. 강의를 20회 이상 해도 모두 다룰 수 없을 만큼 광범위한 주제에 관해 단지 몇 가지만 이야기할 수 있었습니다. 그럼에도 이 몇 가지가 어떻게 정신과학 혹은 인지학의 법칙을 근거로 실생활을 위한 사고 수련 방법을 발견하는지 제시할 수 있습니다. 왜냐하면 그런 방법을 통해서 사고가 진정으로 수련되기 때문입니다. 명료성과 확실성을 위해서만 아니라 침착성과 기지를 위해서도 사고가 수련됩니다. 싫증 내지 않고 꾸준히 그런 방법을 적용하면, 점점 더 진보합니다. 다음과 같이 말하고 싶습니다. "그런 사고의 내적인 수련을 일찌감치 교육에 적용하면, 내면에서 조형되어 나올 수 있는 모든 것이 유기체를 관통해서 인간

이 완전히 요령 있게 된다." 오늘 이야기한 것은 인간을 요령 있게 만드는 구체적인 사고입니다. 굉장히 이상하게 들리겠지만, 아직은 자연의 배려로 사람이 바닥에 떨어진 물건을 들어 올릴 수 있습니다. 그런데 오늘 설명한 방식으로 사고력을 수련하면, 바닥에 떨어진 물건을 발가락으로 집어 올릴 수 있게 됩니다. 사고를 수련하지 않기 때문에 사람이 많은 것에 있어 요령이 없는 것입니다. 사고 수련이 인간의 중심으로 가지 않고, 인간의 중심에서 작업하지 않기 때문입니다. 이 원리가 오늘 이야기한 모든 것에 들어 있습니다. "인간의 중심으로 가서 그곳에서 사지 끝까지 힘을 발산시켜 인간이 숟가락도 올바르게 잡을 능력이 되도록 한다."

40. 이렇게 정신과학을 통해서 올바른 수련이 사고에 들어선 사람은 바로 괴테에서 그 모범을 체계적으로 보게 됩니다. 그는 사물에 빠져드는 사고에, 바로 그래서 정당한 사고에 도달하게 됩니다. 다름 아니라 바로 그렇게 사고를 수련함으로써 어디에서나 가장 단순한 사고내용을, 쉽게 조망되는 것을 발견하게 됩니다. 모든 것을 단순한 사고 구조로 되돌릴 수 있어야 합니다. 이는 여기에서 제시

한 방식으로 사고가 수련된 경우에만 가능합니다. 그렇지 않으면 사고는 그 자체의 길을 갑니다. 그러면 사고내용이 개별적인 것에서는 옳을 수 있겠지만 전체를 보아서는 쓸모가 없습니다.

41. 명료한 사고는 이미 첫눈에 오류로 알아보는 이러저러한 것이 오늘날 과학에서 그럴듯하게 증명되는 게 사실 아닙니까? 예를 들어서 다음과 같이 말하는 사람들이 있습니다. "사실상 성분은 전혀 없고 운동만 있을 뿐이다." 모든 것이 운동이라는 입장에서 쓰인 기지에 넘친 소책자가 얼마 전에 출판되었습니다. 그 책에 실제로 다음과 같이 쓰여 있습니다. "한 곳에서 다른 곳으로 가는 사람은 우리에게 그의 물질적 성분으로 보이는 것을 한 곳에서 다른 곳으로 옮겨 가는 게 아니다. 그것은 단지 운동일 뿐이다. 그 사람이 다른 장소로 가는 것은, 그렇게 가는 동안 새로운 운동이 이어지는 것이다." 이는 다음과 같은 전형에 따라 생각하는 것입니다. "저 위에 태양이 있다. 태양의 미립자가 움직인다. 태양이 춤을 춘다. 그렇게 춤을 추는 동안 태양에서 어떤 것이 우리에게 오는 게 아니라 태양에 근접한 에테르 주변이 춤을 추는 것이다. 에테르가 우리에

게 이르기까지 춤을 추며 내려온다." 우리에게는 운동만 전해지고, 우리가 그것을 빛으로 감지한다고 말합니다. 그 영리한 책에서 에테르 춤 전체가 인간에게 적용됩니다. 인간 전체가 사실은 그냥 춤이라고 합니다. 제가 다른 곳으로 간다면, 그렇게 가면서 새로운 운동을 만들어 낼 뿐이라는 식입니다. 그런 책을 쓴 훌륭한 사람에게 걸어가는 동안 새롭게 운동을 만들어 내기를 절대 잊지 말라고 조언하고 싶습니다. 그렇지 않으면 무로 사라지고 말 것 아닙니까?

42. 이는 어떻게 오늘날 모든 것이 운동으로 귀착되는지 보여 주는 예입니다. 그러나 괴테는 그 당시에 모든 것이 정지 상태로 귀착한다는 것을 자신의 올곧은 사고로 경험했습니다. 방금 이야기한 모든 것은 복합적인 것을 단순한 것으로 되돌릴 수 없는 비실용적인 사고로 인해 발생했습니다. 괴테는 실용가로서 그런 것을 마주 대했습니다. 그리고 그 모든 괴벽스러운 것들 사이에서 가야 할 길을 잘 알고 있었다는 것은 괴테가 자신의 사고 실천으로 말한 것에 근거합니다.

43. 강의를 마무리하며 그것을 말하고자 합니다. 그것

이 우리가 습득해야 할 의향을 위한 올바른 관점도 제시합니다. 괴테는 자신의 실용적인 사고 방식에 비실용적으로 사고하는 사람들이 마주 서 있다는 것을 경험했습니다. 그리고 모든 사고 실천을 위해 진정으로 영혼에 새겨 넣어야 할 원칙을 다음과 같이 말했습니다.

> 적대 세력이 눈알을 굴린다면,
> 침착하렴, 벙어리가 되렴;
> 그리고 그들이 운동이라고 속인다면,
> 그들의 코앞에서 뱅뱅 돌아 주렴!

루돌프 슈타이너의 생애와 작업

1861 2월 27일 오스트리아 남부 철도청 소속 공무원의 아들로 크랄예비치(지금은 크로아티아에 속함)에서 태어남. 오스트리아 동북부 출신의 부모 밑에서 오스트리아의 여러 지방에서 유년기와 청소년기를 보냄

1872 비너 노이슈타트 실업계 학교에 입학해 1879년 대학 입학 전까지 수학

1879 빈 공과 대학에 입학. 수학과 자연 과학을 비롯하여 문학, 철학, 역사를 공부하고 괴테에 관한 기초 연구 시작

1882 저술 활동 시작

1882~1897 요제프 퀴르슈너가 주도하는 〈독일 민족 문학〉에서 괴테의 자연 과학 논문에 서문과 주해를 덧붙이는 일을 맡아 『괴테: 자연 과학 논설. 본문에 도입문, 주석과 주해를 곁들임』 5권(GA1a~e) 발간

1884~1890 빈의 한 가정에서 가정 교사로 생활

1886 바이마르 '소피'판 괴테 작품집 발간에 공동 작업자로 초빙. 『실러를 각별히 고려한 괴테 세계관의 인식론 기본 노선들』(GA2)

1888 빈에서 〈독일 주간지〉 발간. 빈의 괴테 회에서 강연 『인지학의 방법론적 근거: 철학, 자연 과학, 미학과 영혼학에 관한 논설집』(GA30)

1890~1897 바이마르에 체류하면서 괴테/실러 문서실에서 공동 작업. 괴테의 자연 과학 저작물 발간

1891 로스토크 대학에서 철학 박사 학위를 취득하고 이듬해에 박사 학위 논문 증보판 출판. 〈진실과 과학:『자유의 철학』 서곡〉(GA3)

1894 『자유의 철학_ 현대 세계관의 특징: 자연 과학적 방법에 따른 영적 관찰 결과』(GA4)

1895 『프리드리히 니체, 시대에 저항한 투사』(GA5)

1897 『괴테의 세계관』(GA6) 베를린으로 거주지를 옮기고 오토 에리히 하르트레벤과 함께 〈문학 잡지〉와 〈극 전문지〉(GA29~32) 발행. '자유 문학 협회', '기오르다노 브루노 연맹', '미래인' 등에서 활동

1899~1904 빌헬름 리프크네히트가 세운 베를린 '노동자 양성학교'에서 교사로 활동

1900~1901 『19세기의 세계관과 인생관』 집필.(1914년 확장판으로 『윤곽으로 그린 철학 역사 속 철학의 수수께끼』(GA18) 발표) 베를린 신지학 협회 초대로 〈인지학〉 강의 『근대 정신생활 여명기의 신비학, 그리고 현대 세계관에 대한 그 관계』(GA7)

1902~1912 〈인지학〉을 수립하고 정기적인 공개 강연(베를린)과 유럽 전역을 대상으로 하는 강의 활동 시작. 지속적인 협력자로 마리 폰 지버스(1914년 슈타이너와 결혼, 이후 마리 슈타이너)를 만남

1902 『신비적 사실로서 기독교와 고대의 신비 성지』(GA8)

1903 잡지 〈루시퍼〉(GA34, 나중에 〈루시퍼-그노시스〉로 바꿈) 창간

1904 『신지학: 초감각적 세계 인식과 인간 규정성에 관하여』(GA9)

1904~1905 『고차 세계의 인식으로 가는 길』(GA10), 『아카샤 연대기에서』(GA11), 『고차 인식의 단계』(GA12)

1909 『윤곽으로 그린 신비학』(GA13)

1901~1913 뮌헨에서 『네 편의 신비극』(GA14) 초연

1911 『인간과 인류의 정신적 인도』(GA15)

1912 『진실의 힘으로 빚어 낸 말들』(GA40) 『인간 자아 인식으로 가는 하나의 길』(GA16)

1913 신지학 협회와 결별. 인지학 협회 창립. 『정신세계의 문지방』(GA17)

1913~1922 첫 번째 괴테아눔(목재로 된 이중 돔형 건축물로 스위스 도르나흐에 있는 인지학 본부) 건축

1914~1923 도르나흐와 베를린에 체류하면서 유럽 전역을 순회하며 강의 및 강좌 활동. 이를 통해 예술, 교육, 자연 과학, 사회생활, 의학, 신학 등 수많은 영역에서 쇄신이 일어나도록 자극. 동작 예술 오이리트미(Eurythmie, 1912년 마리 슈타이너와 함께 만듦)를 발전시키고 교육

1914 『인간의 수수께끼에 관하여』(GA20) 『영혼의 수수께끼에 관하여』(GA21) 『〈파우스트〉와 〈초록뱀과 아름다운 백합〉을 통해 드러나는 괴테 정신성』(GA22)

- **1919** 남부 독일 지역에서 논문과 강의를 통해 '사회 유기체의 삼지적 구조' 사상을 주장. 『현재와 미래 생활의 불가피한 사항에 있어서 사회 문제의 핵심』(GA23), 『사회 유기체의 삼지성과 시대 상황(1915~1921)에 대한 논설』(GA24). 같은 해 10월에 슈투트가르트에 죽을 때까지 이끌어 간 '자유 발도르프학교' 세움

- **1920** 제1차 인지학 대학 강좌 시작. 아직 완성되지 않은 괴테아눔에서 예술과 강의 등 행사를 정기적으로 개최

- **1921** 본인의 논문과 기고문을 정기적으로 싣는 주간지 〈괴테아눔〉(GA36) 창간

- **1922** 『우주론, 종교 그리고 철학』(GA25). 12월 31일 방화로 괴테아눔 소실(이후 콘크리트로 다시 지을 두 번째 괴테아눔의 외부 형태 설계)

- **1923** 지속적인 강의와 강의 여행. 성탄절에 '인지학 협회'를 '일반 인지학 협회'로 재창립

- **1923~1925** 미완의 자서전 『내 삶의 발자취』(GA28) 및 『인지학적 기본 원칙』(GA26) 그리고 이타 베그만 박사와 함께 『정신과학적 인식에 따른 의술 확장을 위한 기초』(GA27)를 집필

1924 강의 활동을 늘리면서 수많은 강좌 개설. 유럽에서 마지막 강의 여행. 9월 28일 회원들에게 마지막 강의. 병상 생활 시작

1925 3월 30일 도르나흐에 있는 괴테아눔 작업실에서 눈을 감음

옮긴이의 글

인지학적 정신과학을 위한 활동을 —일단 신지학 협회를 통해— 시작한 지 7년 정도 지난 1908년 말과 1909년 초에 루돌프 슈타이너가 '사고의 실용적 형성'이라는 주제로 4회 강의를 했다. 1908년 11월 27일 클라겐푸르트 강의는 필사본이 보존되지 않았다. 이 소책자에는 칼스루헤 신지학 협회 회원을 대상으로 한 1909년 1월 18일 강의, 베를린과 뉘른베르크에서 일반인을 대상으로 한 1909년 2월 11일과 13일 강의가 실려 있다.

전혀 실용적으로 사고하지 않으면서 자신이 실용적이라고 여기는 사람에게 루돌프 슈타이너는 이 세 강의에서 '차 안에서 차를 미는 사람'이라는 '기술 용어'를 부여한다. 그렇다면 차 안에서 차를 미는 사람은 누구인가? 증명이 가능한 감각적 물질 세계만 실재라 여기며 육체에 자신의 정체성을 두는 사람, 궁극적으로 육체의 안일을 위한 활동만 실용적이라고 확신하는 사람이다. '이런 사람의 실천은 근시안, 습관, 배타성으로 구성되어 있으며, 폭력성, 잔인성이라는 특정 첨가물과 결부되어 있다. 특히 이런 사람이 결정하는 위치에 있으면 차 밖에서 상황을 간파하는 사람, 달리 말해 정말로 실용적으로 사고하는 사람을 들들 볶아대고, 심지어는 조직에서 쫓아내기도 한다.[01] 루돌프 슈타이너는 사회적 삼지성에 관한 여러 강의에서 이런 사람들로 이루어진 사회가 보이는 세 가지 특징을 언급했다.[02] 사람들이 정신생활에서는 상투어를 남발하고, 경제생활에서는 늘 해오던 식으로, 틀에 박힌 대로 일하며, 권리생활에서는 법을 포함한 넓은 의미의 관습을 따른다.

　　루돌프 슈타이너는 실용적인 사고를 하기 위한 전제 조건으로 사고에 대한 의향을 강조한다. 인지학적 정신과학에 따르면 사고는 인간 각자의 머릿속에서 생겨나는 사적, 추상적인

01　이 책 베를린 강의 3문단과 뉘른베르크 강의 7문단 참조

02　『젊은이여, 앎을 삶이 되도록 일깨우라!』(밝은누리 2013) 참조

것이 아니라 에테르적 실재가 있는 '보편적 존재'다. 오늘날 사람들이 보통 사고라고 믿는 것은 실재적, 에테르적 사고가 인간 두뇌에 반사되어 인간이 의식하는, 이를테면 대상의 거울상과 같은 것이다. 실재적, 에테르적 사고는 아스트랄체를 통해서 방울방울 떨어져 에테르적 소금처럼 에테르체 속에 가라앉는다. 이것은 인간이 능동적으로 일깨워서 의식하지 않으면 기괴하게 변형된 형태로 인간 사회에 드러난다.[03]

사고의 실재성에 대한 신뢰를 키우는 세 가지 자세가 베를린, 뉘른베르크 강의에서 상세히 설명된다. 첫 번째는 사물에 대한 관심이고, 두 번째는 하는 일에 대한 사랑과 즐거움이다. 세 번째는 성찰에 대한 즐거움이다. 조금만 생각해 봐도 이 세 가지가 앞에 언급한 '실용적인 사람들로 이루어진 사회의 특징'에 대립하는 내용이라는 것을 알아볼 수 있다. 관습에 따라서

---

03 『천사는 우리의 아스트랄체 속에서 무엇을 하는가?』(푸른씨앗 2017)

가 아니라 관심을 가지고 사물을 대하기, 틀에 박힌 듯 늘 하던 식으로 일하지 않고 일 자체를 좋아해서 즐겁게 하기, 진심은 전혀 들어 있지 않은 말 껍데기를 내뱉기보다는 조용히 사물에 대해 성찰하는 것에 가치를 두기. 이 자세와의 관계에서 개별 연습을 보자면, 앞의 두 강의에 비해 뉘른베르크 강의에서 다음처럼 더 뚜렷한 형태로 주어진다.

- 사실을 과거와 미래로 확장해서 고찰하기
- 결과에 연연하지 않고 사고하기
- 일상생활 중 잠시 시간을 내서 낯선 분야의 어떤 주제를 선택해서 숙고하기
- 자신의 의견, 생각, 표상을 의문시하고 뒷전에 밀어 두기, 타인의 의견을 허용하기
- 사물에 대해 흥미가 있는 동안 결정을 유보하고, 흥미가 사라진 후에 그에 관해 기억으로 판단하기
- 하루 중 잠시 의식적으로 생각을 전혀 하지 않기

사고의 실재성에 관해서라면 인지학의 기본서 중 가장 중요한 『자유의 철학』[04]을 생각하지 않을 수 없다. 젊은 시절 루돌프 슈타이너는 사람들이 학계 권위자들의 의견이라 감히 부정하지 못하고 기정사실로 받아들이는 것을 인지학적 정신과학으로 조명해 그 모순을 밝히고, 사고의 실재성과 인간 정신생활 내부에서 사고의 역할을 『자유의 철학』으로 작업해 냈다. 그러니까 기존의 견해를 권위성에 짓눌려 그냥 받아들이지 않고, 능동적, 독자적 활동을 통해 앞에 언급한 에테르적 사고내용을 건져 올려 함께 고찰하고 조형하는 사고 과정, 즉 신체로부터 자유로운 사고 과정이 『자유의 철학』에서 일목요연하게 논리적으로 서술된 것이다. 이 맥락에서 이 소책자는 『자유의 철학』을 위한 '연습서' 혹은 '방법론'이라 명명될 수 있다는 생각이다.

---

04 『자유의 철학』(푸른씨앗 2024)

2010년에 출판된 첫 번째 번역서는 이미 오래전에 절판되었다고 한다. 그 번역서를 낸 출판사는 재판할 의도가 없다고 하고, 많은 사람이 이 책을 찾는다기에 푸른씨앗과 논의해 완전히 새로 번역해서 내기로 결정했다. 한여름 폭염에도 불구하고 출판에 박차를 가한 최수진 님을 비롯해 푸른씨앗 식구들, 번역서 출판을 위해 모금을 주도하신 장승규 선생님, 모금에 참여한 선생님의 제자들과 지인들에게 고마움을 전한다. 인지학적 정신과학에 실용적으로 접근하는 길을 그리는, '작지만 중대한' 책이 새롭게 출판되는 기쁨을 '루돌프 슈타이너 원서 번역 후원회' 회원들과 나누고자 한다.

2025년 7월

함께 읽으면 좋은 —
푸른씨앗 책

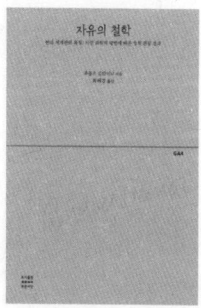

우리 시대의 지배적인 사고방식에서 벗어나
자유로운 정신인 인간 존재를 탐색한다.

윤리적으로 자유로운 사람들 사이에는 윤리적 오해와 충돌이 일어날 수 없다. 받아들인 의무 규범 혹은 본능적 성향을 따르는, 윤리적으로 자유롭지 못한 사람만 그 본능이나 규범을 따르지 않는 타인을 배척한다. 행동을 위한 사랑 속에 살고, 타인의 욕구를 이해 속에 살도록 함이 자유로운 인간의 근본 원칙이다.

〈9장 자유의 관념〉에서

자유의 철학 _현대 세계관의 특징 : 자연 과학적 방법에 따른 영적 관찰 결과
루돌프 슈타이너 저술 | 최혜경 옮김 | 127×188 | 388쪽 | 29,000원

영혼 세계와 정신세계가 물질 세계와 어떻게 연결되는가

감각에 드러나는 것만 인정하는 사람은 이 설명을 본질이 없는 공상에서 나온 창작으로 여길 것이다. 하지만 감각 세계를 벗어나는 길을 찾는 사람은, 인간 삶이 다른 세계를 인식할 때만 가치와 의미를 얻는다는 것을 머지않아 이해하도록 배운다.

〈제3판에 즈음한 서문〉에서

신지학_초감각적 세계 인식과 인간 규정성에 관하여
루돌프 슈타이너 저술 | 최혜경 옮김 | 127×188 | 304쪽 | 20,000원

인간 본질에 관한
정신과학적 인식을 위한 8단계 명상

이 책을 읽는 자체가 내적으로 진정한 영혼 노동을 하도록 만든다. 그리고 이 영혼 노동은 정신세계를 진실하게 관조하도록 만드는 영혼 유랑을 떠나지 않고는 견딜 수 없는 상태로 차츰차츰 바뀐다.

〈들어가는 말〉에서

인간 자아 인식으로 가는 하나의 길

루돌프 슈타이너 저술 | 최혜경 옮김 | 127×188 | 134쪽 | 14,000원

루돌프 슈타이너 자서전.
인지학적 정신과학의 연구 방법이
완성되어 가는 과정을 파악할 수 있다.

인지학 운동은 이미 세기 초반에 시작되었고, 그 이래로 내적인 정신생활에 의해 유발되지 않은 것은 인지학에서 본질적으로 전혀 행해지지 않았다는 것이다. 정신적인 인상에 관한 내용은 이미 사반세기 전에 내 내면에 담겨 있었다. 강의와 논설, 저술물을 통해 그 인상에 형태를 부여했다. 내가 행한 일, 그것을 나는 오로지 정신적인 자극에 따라서 했다.

〈32장 인지학 운동의 추구와 난관〉에서

내 삶의 발자취

루돌프 슈타이너 저술 | 최혜경 옮김 | 127×188 | 760쪽 | 35,000원

발도르프 교육 100주년 기념 도서.
꿀벌과 같은 곤충, 인간, 세계의 연관성을 설명한다.

인위적인 양봉으로 꿀 생산과 전반적인 노동, 심지어 일벌의 노동 능력까지 극대화할 수 있지만, 이 모든 것을 너무 심하게 합리적이고 사업적으로 해서는 안된다는 것입니다.(…) 현재 양봉의 근거가 되는 대책들이 단기적으로 굉장히 유리하고 좋아보일 수 있어도 인위적으로 사육한 벌만 이용하면 100년 안에 양봉은 완전히 중단될 것이라는 결론에 이릅니다.

〈뮬러의 양봉 강연에 대한 루돌프 슈타이너의 소견〉에서

꿀벌과 인간
루돌프 슈타이너 저술 | 최혜경 옮김 | 148×210 | 233쪽 | 17,000원(e북)

사년 세계에서 일어나는 계절의 변화를
인간 영혼이 느끼고 따라가 보는 주간별 명상 시집

인간은 감각과 지각에 몰두하는 자신의 존재를 빛과 온기로 직조된
여름 성격에 부합하는 것으로 느낀다. 내적으로 확립된 상태, 그리고
자신의 사고 세계와 의지 세계 속 삶은 겨울 현존재로 감지할 수 있다.
자연에서 시간에 따른 교대를 여름과 겨울로 드러내는 것이 인간에게
는 외부 생활과 내면생활의 리듬이 된다.

〈1912/13년 첫 발행본에 즈음한 서문〉에서

인지학적 영혼 달력 _북반구와 남반구 시간의 이중적 흐름에 따른

루돌프 슈타이너 저술 | 최혜경 옮김 | 179×190 | 152쪽 | 23,000원

정신세계가 어떻게 인간 사회에 영향을 미치고 있는지를 보여 준다.

전쟁으로 인해 어린 나이에 죽는 사람들이 숱한 현재 우리가 그나마 다음과 같이 말할 수 있다면 얼마나 다행일지 한 번 생각해 보십시오. "그들은 사실 언제나 우리 가까이에 있다. 그들은 세상에서 사라지지 않았다."

〈죽음, 이는 곧 삶의 변화이니!〉에서

- 천사는 우리의 아스트랄체 속에서 무엇을 하는가?
- 어떻게 그리스도를 발견하는가?
- 죽음, 이는 곧 삶의 변화이니!

죽음, 이는 곧 삶의 변화이니!
루돌프 슈타이너 저술 | 최혜경 옮김 | 105×148 | 3권 세트 | 18,000원

7~14세를 위한 교육 예술
루돌프 슈타이너 강의 | **최혜경** 옮김

루돌프 슈타이너의 생애 마지막 교육 강의. 최초 발도르프학교에서 조망한 경험을 바탕으로, 7~14세 아이의 발달 변화에 맞춘 혁신적 수업 방법을 제시한다. 생생한 수업 예시와 다양한 방법으로 교육 예술의 개념을 발전시켰다.

127×188 | 280쪽 | 20,000원
e북

청소년을 위한 교육 예술
루돌프 슈타이너 강의 | **최혜경** 옮김

14, 15세 무렵 아이들에게 나타나는 전형적인 특성을 인지학으로 고찰하고, 지금까지와는 다른 수업 방식을 찾아야 한다고 역설한다. 모든 감각이 세상을 향해 열려 있는 청소년에게는, 내면에 활기찬 느낌이 가득 차도록 수업을 해야 한다고 강조하고 있다.

127×188 | 268쪽 | 20,000원
e북

인간에 대한 앎에서 나오는 교육과 수업
루돌프 슈타이너 강의 | 최혜경 옮김

첫 번째 발도르프학교 교사 연수를 보충하기 위해 1920년부터 1923년까지 진행한 9편의 강의. 명상적 인간학이라고도 부르는 첫 네 편의 강의는 생후 첫 7년의 신체 형성과 이후 교육에서 중요한 역할을 하는 세 가지 힘의 작용을 설명한다.

127×188 | 292쪽 | 20,000원

자연 과학에 대한 새로운 접근 I_광학
루돌프 슈타이너 강의 | 최혜경 옮김

최초 발도르프학교에서 행해진 첫 번째 자연 과학 강의. 괴테의 '현상주의' 연구 방법으로 빛, 색채, 음향-질량, 전기, 자기 현상을 탐구한다. 자연 과학이 결국 인간에 대한 앎으로 이어지는 길임을 보여 준다.

127×188 | 384쪽 | 25,000원

'씨앗주머니'는 인지학 공부를 위해 한정 제작하는 총서입니다. 정식 출간 이전에 공개하는 자료로 교정과 편집을 거치지 않았습니다. 주문 www.greenseed.kr

윤곽으로 그린 신비학 GA13
루돌프 슈타이너 저술 | 최혜경 옮김
176 × 250 | 297쪽 | 25,000원

정신세계의 문지방 GA17
루돌프 슈타이너 저술 | 최혜경 옮김
176 × 250 | 89쪽 | 20,000원

인지학적 기본 원칙 GA26
루돌프 슈타이너 저술 | 최혜경 옮김
176 × 250 | 205쪽 | 22,000원

정신과학적 인식에 따른 의술 확장을 위한 기초 GA27
루돌프 슈타이너 저술 | 최혜경 옮김
176 × 250 | 139쪽 | 20,000원

인지학-영혼학-정신학 GA115
루돌프 슈타이너 강의 | 최혜경 옮김
176 × 250 | 283쪽 | 25,000원

감각 세계와 정신 세계 GA134
루돌프 슈타이너 강의 | 최혜경 옮김
176 × 250 | 125쪽 | 20,000원

최혜경 www.liilachoi.com

본업은 조형 예술가인데 지난 20년간 인지학을 공부하면서 루돌프 슈타이너의 책을 번역하고 있다. 쓸데없는 것에 관심이 많은 사람이라 그림 그리고 번역하는 사이사이에 정통 동종 요법을 공부해 왔다.

번역서 『발도르프학교와 그 정신』, 『교육 예술 1, 인간에 대한 보편적인 앎』,
『교육 예술 2, 발도르프 교육 방법론적 고찰』,
『교육 예술 3, 세미나 논의와 교과 과정 강의』,
『발도르프 특수 교육학 강의』, 『사회 문제의 핵심』,
『인간과 인류의 정신적 인도』,
『젊은이여, 앎을 삶이 되도록 일깨우라!』 **밝은누리**

『천사는 우리의 아스트랄체 속에서 무엇을 하는가?』,
『어떻게 그리스도를 발견하는가?』, 『죽음, 이는 곧 삶의 변화이니!』,
『인간 자아 인식으로 가는 하나의 길』, 『꿀벌과 인간』, 『신지학』,
『내 삶의 발자취』, 『7~14세를 위한 교육 예술』, 『청소년을 위한 교육 예술』,
『자연 과학에 대한 새로운 접근 I _광학』, 『자유의 철학』,
『인간에 대한 앎에서 나오는 교육과 수업』, 『인지학적 영혼 달력』
도서출판 푸른씨앗

저 서 『유럽의 대체 의학, 정통 동종 요법』 **북피아**

작품집 『괴테 동화 명상집』 **도서출판 푸른씨앗**

푸른씨앗은 콩기름 잉크로 인쇄하여 책을 만듭니다.

겉지	한솔제지 인스퍼 에코 203g/m²
속지	전주 페이퍼 Green-Light 80g/m²
인쇄	(주) 도담프린팅	031-945-8894
글꼴	윤서체_ 윤명조 700_ 10.3pt
책 크기	127×188

이 책의 표지에는 Yoon 윤명조 700, Yoon 윤고딕 700, DX시인과 나, DX별과그대, 나눔바른고딕
내지에는 Yoon 윤명조 700, Yoon 윤고딕 700, 나눔바른고딕, DX시인과 나, DX별과그대, Minion Pro 서체를
사용했습니다.